PREMIER

LIVRE DE LECTURE

Tout exemplaire non revêtu du cachet de la Société de Marie et de la signature ci-dessous, sera réputé contrefait, et tout contrefacteur ou débitant de contrefaçons sera poursuivi selon la rigueur de la loi.

Lons-le-Saunier, imp. de Gauthier frères.

PREMIER
LIVRE DE LECTURE

A L'USAGE

des Écoles primaires de la Société de Marie

—

D. M. D.

—

LONS-LE-SAUNIER

Chez Mmes GAUTHIER sœurs et Cie, libraires-éditeurs

1866

PREMIER
LIVRE DE LECTURE

1. L'enfant raconte les premières heures de sa journée.

Je dors toute la nuit. Je m'éveille au point du jour. Je fais aussitôt le signe de la croix. Je me lève promptement. Je m'habille. Je me lave la figure et les mains. Je prie le bon Dieu à genoux. Je dis le bonjour à papa et à maman. Je déjeûne. Je vais à l'église. J'arrive à l'école pour la classe.

EXERCICES. — *Que faites-vous pendant la nuit?* — *A quel moment vous réveillez-vous?* — *Que faites-vous à votre réveil?* — *Après cela?* — *Que faites-vous après la prière?* — *Où allez-vous après le déjeûner?* — *Que faites-vous à l'église* (1).

(1) Toutes les questions doivent être posées aux enfants d'une manière claire et par propositions entières. — La réponse des élèves doit

2. Les enfants à l'école.

La cloche sonne. Le maître est présent. Les élèves arrivent. Ils se mettent en rangs. Ils saluent leur maître. Ils vont en classe. Tous récitent la prière. Le maître raconte. Il instruit. Il interroge. Il ordonne. Les élèves écoutent. Ils répondent. Ils obéissent. Les élèves sont sages. Le maître est content d'eux. La classe est finie. Les élèves retournent à la maison de leurs parents.

Qu'est-ce qui sonne? — Qui est présent? etc. — Que fait le maître? — Que font les élèves? — Qui est content? — De qui? — Pourquoi? — Où vont les élèves après la classe? — Comment?

---

rappeler la demande. — Chaque numéro doit être ainsi revu avec les élèves, afin de les amener à comprendre ce qu'ils lisent. — Chaque numéro peut aussi devenir un exercice d'épellation, de copie et même de dictée. — Les maîtres enseignent aux élèves les signes orthographiques qui se rencontrent dans la leçon.

3. Ce que Charles fait à l'école.

Le père. Raconte-moi, Charles, ce que tu fais à l'école.

Charles. Papa, à l'école je lis dans mon livre. J'écris sur mon cahier. J'apprends à parler français. Je calcule au tableau. Je chante et j'obéis à mon maître. Avant et après la classe, je fais une prière.

Le père. Si tu fais cela, mon enfant, tu fais bien. Le maître sera content de toi et moi aussi.

Charles. Je vous promets, papa, d'être toujours bien sage.

Que fait Charles à l'école? — Que font les autres élèves? — Qu'est-ce que Charles promet à son père?— Comment se conduit l'élève sage à l'école? — Au dehors? — Abime-t-il quoi que ce soit?— Crayonne-t-il sur les murs?

4. Les élèves de la classe.

Je suis un petit enfant. Les autres écoliers sont petits aussi. Louis est plus grand que moi; mais il a huit ans. Et moi je n'ai que sept ans. Nous sommes dans la classe des commençants. Notre classe est longue, large et haute. Il y a beaucoup d'élèves. Le maître place dix élèves à chaque table. Joseph est le premier de la classe. Il a la croix. J'aime tous mes camarades d'école. Nous aimons et nous respectons notre maître.

Comment vous appelez-vous? (Je m'appelle N...) — Quel âge avez-vous? (J'ai ... ans).—Nommez des élèves plus âgés (plus jeunes, plus grands, plus petits) que vous? — Nommez le 1er, le 2e, etc. du 1er, etc. banc). — Comptez les élèves du 1er banc, etc. (par nombres pairs, impairs). — Montrez la longueur, (etc.) de la classe. — Conduite envers les camarades, en classe, hors de classe.

5. Les meubles de la classe.

Les meubles de la classe sont : l'estrade du maître, la chaise, les bancs et les tables des élèves, les tableaux noirs, les tableaux de lecture et d'images, le chevalet, le fourneau, les rideaux et l'armoire, le crucifix et la statue de la sainte Vierge. Chaque élève a ses livres, ses cahiers et ses plumes.

Le maître fournit de la craie, de l'encre, des crayons et des règles. Chaque objet est à sa place.

Nommez les meubles de la classe. — Où est le plafond, le plancher? — De quoi se servent les élèves?— Que fournit le maître? — A quoi sert le fourneau? etc. — Combien y a-t-il de croisées, de vitres, de bancs, etc. à l'école? — Qui a fait les croisées, les bancs, etc.? — De quoi, etc.? — Avec quoi arrose-t-on et balaye-t-on la classe? — Où se trouve chaque objet? — Pourquoi?

6. Les mouvements. — Chant (1).

Ran, plan, plan!
En avant!
Sortons tous de place,
Prenons bien le pas,
Et marchons en classe
Comme des soldats.
Ran, plan, plan!
En avant!

Quel entrain!
Quel bon train!
Petits camarades,
Qu'il fait bon ici!
Par ces promenades,
L'on est réjoui!
Quel entrain!
Quel bon train!

---

(1) Voir les airs des chants à la fin du livre.

Ah! vraiment,
C'est charmant!
Aux leçons utiles
Nous allons joyeux.
Nous serons dociles
Et bien studieux,
Oui, vraiment,
C'est charmant!

***

Que faites-vous en allant au cercle? — Comment y allez-vous? — Qu'y faites-vous? — Que fait le moniteur?

7. Les occupations en famille.

La mère coud. La fille tricote. Le fils écrit. Les petits frères et sœurs s'amusent. La tante et la marraine filent. Le grand'père se repose. La grand'mère dévide. Le parrain et l'oncle arrivent. Le père raconte. La famille écoute.

***

Qui coud? (La mère coud.) — Que fait la mère?

(La mère coud.) — La mère coud-elle ? — La mère ne coud-elle pas ? — De quoi la mère se sert-elle pour coudre ? — (Mêmes questions sur les autres phrases.)

8. Les parties de la maison.

La maison est grande. Ce sont les maçons qui ont bâti la maison. Dans la maison, il y a des cheminées, des poëles, une ou plusieurs chambres, la cuisine, la cave, le grenier, des escaliers, le corridor, le vestibule, des croisées et des portes. Les pièces sont séparées entre elles par des murs, par des murailles ou par des cloisons. A côté de la maison, se trouvent l'écurie et la grange.

Qui a bâti la maison ? — De quoi les maçons ont-ils bâti la maison ? — Les maçons ont-ils fait tout ce qu'il y a dans la maison ? — Nommez les ouvriers qui y ont aussi travaillé ? (Serruriers, menuisiers, plâtriers, tapissiers, vitriers, ferblantiers.) — A quoi servent l'es-

calier, le grenier, la cave, etc.? — Dans quelle rue demeurez-vous? — Nommez vos voisins de face, à droite, à gauche, etc.

9. Maximes.

1. Ecoute, mon fils, garde ton cœur pur et éloigne-toi du mal. 2. Celui qui aime la correction, aime la sagesse. 3. Un seul enfant qui craint Dieu, vaut mieux que mille enfants méchants. 4. J'ai été jeune et maintenant je suis vieux. Je n'ai point vu le juste délaissé, ni ses enfants mendier leur pain.

Qui est-ce qui a dit ces paroles? — Que faut-il garder pur? — De quoi faut-il s'éloigner? — Que fait celui qui aime la correction? — Quel enfant vaut mieux que mille autres? — Pourquoi? — Qu'est-ce que le juste?

10. Les meubles de la chambre à coucher.

Dans la chambre, il y a un lit, une armoire, une commode, un crucifix, des tableaux de piété, un bénitier, un secrétaire, une horloge, un miroir, une table, des chaises et un fauteuil.

Le lit est composé d'un bois de lit, d'un matelas, d'une paillasse ou d'un sommier, d'un ou de deux oreillers, de deux draps, d'une couverture et d'un duvet.

Nommez les meubles de la chambre. — A quoi sert le crucifix, etc.? — De quoi est composé le lit? — Qui a fait l'horloge, etc. — Où se trouvent les habits, le linge, etc.? — (Il est aisé de multiplier les questions.)

11. A table.

La famille se met à table. Elle y déjeûne, elle y dîne, elle y soupe.

Sur la table, il y a une nappe, du pain, du sel, des serviettes, des assiettes, une carafe, une bouteille, des verres, des couteaux, des cuillers et des fourchettes. On apporte la soupière et des plats. On mange de la soupe, du pain, des légumes, de la viande et du poisson. On boit de l'eau et du vin.

Avant et après les repas, on fait ensemble la prière.

Que fait-on avant et après les repas? — Que fait-on à table? — Qu'y a-t-il sur la table? — A quoi sert le couteau, etc.? — Comment l'enfant doit-il se conduire à table? (Etre propre, pas gourmand, attendre qu'on le serve ou demander poliment à être servi.)

12. Le petit Emile.

Le petit Emile étant un jour à table, vit que toute la famille mangeait de la viande et qu'on ne lui en

donnait pas. Il dit alors à son père :
Mon cher papa, donnez-moi, s'il
vous plaît, un peu de sel. « Qu'en
veux-tu faire, mon enfant, demanda
le père? » Emile répliqua : C'est
pour le manger avec la viande que
vous me donnerez. Le père vit alors
que l'enfant avait été oublié, et il
lui donna aussitôt une bonne portion de viande, qu'Emile reçut en
remerciant poliment son père.

---

*Que dit Emile à son père? — Pourquoi lui dit-il
cela? — Que répondit le père? — Que répartit Emile?
Qu'arriva-t-il alors?*

13. La cuisine.

La mère prépare les aliments à la cuisine.
Dans la cuisine, il y a le foyer, la cheminée,
la marmite, des casseroles, des pots, des écuelles,
des cuillers en bois, un hâchoir, une écumoire,
une râpe, un moulin à café, un arrosoir, un

chaudron, un baquet, un entonnoir, un mortier
avec le pilon, un soufflet, l'évier, une pelle à
feu, des pincettes, un balai, un panier et une
corbeille.

---

*Qui est-ce qui prépare les aliments? — Qui encore?
— Où? — Nommez des aliments. — Nommez des us-
tensiles de cuisine. — Qui a fait le chaudron, etc.? —
De quoi, etc.? — A quoi sert le foyer, etc.? — Quel
moulin peut-on porter dans sa main?*

14. L'église.

L'église est la maison du bon Dieu. Il y réside au saint Tabernacle. Tous vont à l'église,
surtout les dimanches et les fêtes. Le prêtre
prie à l'autel. En chaire, il annonce la parole
de Dieu. Aux fonts-baptismaux, il baptise les
enfants. Au confessionnal, il remet les péchés.
Les hommes, les femmes et les enfants sont à
genoux à leur place. Tous les fidèles prient
le bon Dieu. Il est notre père. Il exauce les
prières de ses enfants.

---

*Qu'est-ce que l'église? — Où réside le bon Dieu? —
Que fait le prêtre à l'autel? — En chaire? — Aux fonts
baptismaux? — Au confessionnal? — Que font les fi-*

dèles? — *Comment faut-il se conduire à l'église?* —
Pour qui l'enfant y doit-il prier?

15. Les parties de l'église.

L'église est partagée en deux parties : le
chœur et la nef. Dans le chœur se trouvent
l'autel, la croix, des statues, des tableaux, l'estrade du prêtre et les stalles des chantres. La
sacristie est près du chœur. La table de communion ou la grille sépare la nef du chœur.

Dans la nef, on voit la chaire, les confession-
naux, les fonts baptismaux, les stations, des
bannières, le dais et des bancs. Les cloches
sont suspendues dans la tour qu'on appelle
pour cela le clocher.

———

*Dites les parties de l'église.— Dites ce qui se trouve
dans chaque partie. — Qui a fait l'autel? — De quoi,
etc.? — Qu'y a-t-il sur l'autel? — A quoi sert l'autel, etc.?*

16. L'enfant et la mère.

L'enfant. Dites-moi, maman, pourquoi vous
êtes si triste ?

La mère. Cher enfant, je suis triste, parce que bientôt tu n'auras plus de papa.

L'enfant. Pourquoi pas, maman? Papa veut-il donc nous quitter?

La mère. Non, mon cher ami; mais papa est bien malade. Il va mourir, si le bon Dieu ne lui rend la santé.

L'enfant. Vous m'avez dit, maman, que le bon Dieu exauce toujours la prière des petits enfants. Je vais aller le prier à l'église. Je lui dirai de ne pas laisser mourir papa.

La mère. Oui, cher enfant, va prier le bon Dieu pour ton papa, pour ta maman.

— L'enfant alla s'agenouiller aux pieds de l'autel, où il pria Dieu de tout son cœur. — Et voilà que le père revint peu à peu à la santé. —L'heureuse mère attribua cette guérison inespérée aux prières de son fils (1).

17. Maximes et conseils.

1. Pardonnez de bon cœur. — 2. Ne rendez pas le mal pour le mal. — 3. Faites du bien à

---

(1) Dès ce numéro, on n'indiquera plus les questions à faire. Les maîtres connaissent maintenant la marche à suivre.

celui qui vous fait du mal. — 4. Ne faites pas aux autres ce que vous ne voulez pas qu'ils vous fassent. — 5. Aimez-vous les uns les autres.

18. Du bon Dieu.

Le bon Dieu est un esprit infiniment parfait. Il a fait de rien le ciel et la terre et tout ce qui existe. Il a créé les anges et les hommes, le soleil, la lune et les étoiles. C'est Dieu qui a fait les oiseaux, les poissons et tous les animaux. Il a fait les arbres, les plantes, les fleurs et les fruits. Le bon Dieu a fait l'eau, les pierres, les montagnes et les vallées. Dieu peut tout ce qu'il veut. Il voit tout. Il sait tout. Il est partout, au ciel et sur la terre.

Il y a trois personnes en Dieu : le Père, le Fils et le Saint-Esprit.

19. La leçon des petits enfants.

Enfants, le Dieu que votre mère
Vous dit de prier tous les jours,
A créé le ciel et la terre,

Les bois, les oiseaux, la lumière,
Les fleurs qui renaissent toujours.

Il est des hommes et des choses
Le maître et l'auteur glorieux ;
Ses mains, qui ne sont jamais closes,
Versent le parfum dans les roses,
Lancent les soleils dans les cieux.

Dieu vous aime comme une mère,
Petit enfant qui m'écoutez ;
Voudriez-vous jamais lui déplaire ?
Et faudrait-il, ô peine amère !
Qu'il vous retirât ses bontés ?

20. L'enfant Jésus.

L'enfant Jésus vint au monde à Bethléem,
dans une pauvre étable. La très-sainte Vierge
Marie, sa Mère, le coucha dans une crèche.
C'était pendant la rude saison de l'hiver et au
milieu de la nuit. Alors les Anges chantèrent
de joyeux cantiques à la gloire du divin Enfant.
Des bergers vinrent l'adorer et des rois lui ap-
portèrent des présents. Saint Joseph lui donna

le nom de JÉSUS , qui veut dire Sauveur.
L'enfant Jésus est le Fils unique de Dieu et
le Sauveur des hommes. Tous les chrétiens
l'appellent Notre Seigneur Jésus–Christ.

21. La fuite en Egypte.

Hérode était alors roi de Judée. Il demeurait à Jérusalem. C'était un homme méchant et
cruel. Il voulait faire mourir l'enfant Jésus. Mais
un ange apparut à saint Joseph pendant la nuit,
et lui dit : « Levez-vous, prenez l'enfant et sa
mère, et fuyez en Egypte. » La sainte famille
se mit aussitôt en route et se retira en Egypte.
Mais après la mort d'Hérode elle revint dans la
Judée, et elle habita la petite ville de Nazareth.

Jésus, Marie, Joseph étaient pauvres et mé-
prisés sur la terre. Aujourd'hui ils règnent dans
les Cieux, et nous invoquons leurs saints noms
dans tous nos besoins.

22. L'enfant Jésus au Temple.

L'enfant Jésus croissait et se fortifiait. Il était plein de grâce et de sagesse. Quand il eut douze ans, il alla à Jérusalem avec ses parents. Son bonheur était de prier Dieu son Père dans le Temple. Lorsque la fête de Pâques fut passée, ses parents s'en retournèrent. Mais Jésus resta à Jérusalem. Alors Marie et Joseph furent bien affligés de ne pas voir Jésus avec eux. Et ils le cherchèrent çà et là pendant trois jours. Enfin ils le trouvèrent dans le Temple, assis au milieu des docteurs, qui étaient ravis de sa sagesse. — Jésus retourna alors à Nazareth avec ses parents, et il leur était soumis.

23. L'enfant sage. — Chant.

Dieu m'a mis sur la terre
Pour le glorifier,
Pour l'aimer et lui plaire,
Et me sanctifier.

Dès ma plus tendre enfance,
J'appartiens au Seigneur,

Je vis en sa présence,
Il règne dans mon cœur.

Et pour être fidèle
Jusqu'au dernier instant,
Je choisis pour modèle
Le bon Jésus enfant.

Il croissait en sagesse,
En grâce chaque jour ;
Je veux ainsi sans cesse
Croître en son saint amour.

Je veux à son exemple,
Etre compatissant,
Assidu dans le Temple,
Docile, obéissant.

24. Jésus bénit les enfants.

Jésus affectionnait surtout les enfants. Un jour des mères tâchaient de s'approcher de lui et de lui présenter leurs petits enfants, afin qu'il les bénît. Mais les disciples éloignèrent ces bonnes mères. Jésus-Christ s'en étant aperçu dit à ses disciples : « Laissez venir à moi ces petits enfants ; ne les en empêchez pas. Car le royaume de Dieu appartient à ceux qui leur ressemblent. » Jésus embrassa ensuite ces petits. Il mit les mains sur eux et il les bénit, puis il les renvoya vers leurs mères, tout heureuses de cette faveur.

25. Aimons Jésus.

Aimons Jésus, dès notre enfance.
Jésus seul peut nous rendre heureux ;
Mais il veut qu'en nous l'innocence
Brille toujours pure à ses yeux.

26. La très-sainte Vierge.

Nous avons au ciel un Père ; c'est le bon Dieu. Tous les jours nous lui adressons cette belle prière : *Notre Père, qui êtes aux Cieux !* — Mais nous avons aussi au ciel une Mère ; c'est la très-sainte Vierge Marie. Tous les jours nous la saluons par ces paroles de l'archange Gabriel : *Je vous salue, Marie, pleine de grâces.* Tous les jours aussi nous l'invoquons : *Sainte Marie, Mère de*

Dieu, priez pour nous. Et Marie prie pour nous. Elle nous assiste. Elle nous aime ; car elle est notre Mère.

27. La sainte Vierge avec l'enfant Jésus.

Vois cet Enfant avec sa Mère ;
C'est Jésus, c'est le Roi des Cieux.
A tous les deux fais ta prière,
Donne ton cœur à tous les deux.
Le divin Jésus te sourit,
De sa douce voix il te dit :
« Sois bien sage, sois bien sage,
Ma sainte Mère aime ton âge,
Ma sainte Mère te chérit. »

28. Le bienheureux Hermann.

Le bienheureux Hermann aimait tant la sainte Vierge que, étant encore enfant, on le surnommait le petit Joseph. Il se privait des amusements de son âge, pour aller s'entretenir des heures entières avec la sainte Vierge et son divin Fils, devant une image, où elle était représentée avec Jésus sur le bras. Hermann n'appelait Marie que sa bonne Mère. Il lui offrait les petites douceurs qu'on lui donnait ; il la priait de les faire agréer à Jésus. Il mérita par là de jouir souvent de leurs divins entretiens, et il parvint à un haut degré de sainteté.

29. L'ange gardien.

Le bon Dieu donne à chaque enfant un bon ange. C'est l'ange gardien. Il est à mes côtés le jour et la nuit. Il me protége. Il me porte au bien. Il éloigne de moi le démon et il me préserve de mille dangers. Il veille constamment sur moi. Si je suis sage, mon bon ange me sourit. Si je suis docile à sa voix, il me conduira un jour au ciel.

Raconter l'histoire de l'archange Raphaël conduisant le jeune Tobie.

30. Le saint patron.

Je porte le nom d'un saint. Ce saint vivait autrefois sur la terre comme j'y vis maintenant. Mais il a été fidèle à Dieu. Il a évité le mal et il a pratiqué le bien. Dieu a couronné cette fidélité dans le ciel. Il y est heureux pour toujours. Le Seigneur m'a donné ce saint pour patron. Je l'invoque, je le vénère et je l'aime. Il prie pour moi et il m'assiste dans mes besoins. Si j'imite ses vertus, je parviendrai au même bonheur que lui.

31. Les parents.

J'ai un père. J'ai une mère. Je suis heureux d'avoir encore mes bons parents. Ils nous aiment tendrement, moi, mes frères et mes sœurs. Ils veillent toujours sur nous, leurs chers enfants. Ils travaillent continuellement pour nous. Ils ne nous laissent manquer de rien. Ils nous envoient à l'école. Ils nous donnent de bons conseils. Ils se réjouissent, quand nous sommes sages. Ils nous corrigent, quand nous sommes méchants. Ils s'inquiètent, quand l'un de nous a le moindre mal. — Merci, bon Dieu ! de m'avoir donné de bons parents.—Je veux toujours être leur enfant docile.

32. Le frère et la sœur.

Le frère. Vois-tu, Rosalie, la belle pomme que grand'maman m'a donnée. Nous la mangerons ensemble.

La sœur. Non, Eugène, mange-la tout seul. Grand'maman te l'a donnée pour toi.

Le frère. Oh! non, je n'en ferai rien. Tu en auras la moitié. Tiens, la voici.

La sœur. Merci, Eugène. Tu es un bon frère.

Et la pomme parut excellente à tous les deux.

33. Les supérieurs.

Il y a deux sortes de supérieurs : les supérieurs spirituels et les supérieurs temporels.

Les supérieurs temporels sont : L'Empereur, monsieur le Préfet, monsieur le Maire, ses Adjoints et les vieillards.

Les supérieurs spirituels sont : Notre saint père le Pape, monseigneur l'Évêque, monsieur le Curé, ses Vicaires et les Maîtres qui nous instruisent.

Devoirs envers les supérieurs. — Manière de saluer, etc.

34. Respect aux vieillards.

Il y avait un homme nommé Elisée. C'était un fidèle serviteur de Dieu. Il était déjà vieux et chauve, ses cheveux étant tous tombés. Un jour qu'il montait à Béthel, il rencontra une troupe d'enfants méchants et mal élevés. Dès qu'ils virent le vieillard gravissant péniblement la montagne, ils se moquèrent de lui en criant : « Monte, chauve, monte, chauve ! » Le vieillard s'indigna contre ces méchants enfants et il les maudit. Aussitôt Dieu envoya d'une forêt voisine deux ours. Ils se jetèrent sur les coupables, et ils en tuèrent quarante-deux.

Que nous apprend cette histoire ? — etc.

35. L'enfant officieux.

Un soir le petit Jean s'amusait avec plusieurs enfants devant la maison paternelle. Un étranger s'approcha des petits joueurs et leur demanda où était la maison curiale. Aussitôt Jean laissa là son jeu et ses camarades, et conduisit l'étranger chez monsieur le curé. Chemin faisant, il répondit poliment aux questions du voyageur, qui fut enchanté des bonnes manières et des bell es réponses de son petit conducteur.

Comment faut-il se conduire envers les étrangers et dans les jeux ?

36. Paroles de l'Écriture sainte.

1. Celui qui honore son père et sa mère sera béni de Dieu. — 2. Celui qui fait du chagrin à sa mère est maudit de Dieu. — 3. Le fils qui abandonne son père est un ingrat. — 4. Obéissez à vos supérieurs et honorez ceux qui travaillent à votre instruction, afin qu'ils remplissent leur devoir avec joie. Ne les affligez pas.

37. Michel corrigé.

Certains enfants aiment trop le lit, et ils pleurent et font la grimace quand il faut se lever. Michel était de ce nombre. Il était en outre très-négligent et malpropre. Ses cheveux étaient ordinairement en désordre, sa figure et ses mains toujours sales, de même que ses habits, sès livres et ses cahiers. C'est en cet état qu'il se présenta un jour à l'école. Mais le maître, le voyant arriver, le renvoya en lui disant : « Crois-tu, malhonnête, que je veuille souffrir ici un élève aussi malpropre que toi? Va-t'en, tu reviendras quand tu seras nettoyé. » Michel confus courut à la maison en pleurant, et sa mère lui donna une correction bien méritée. Dès ce jour, Michel fut un des élèves les plus soigneux et les plus propres de l'école.

38. L'homme.

L'homme est composé d'une âme et d'un corps. L'âme est un esprit. Elle pense, elle connaît, elle aime et elle veut. Dieu l'a créée à son image. Le corps est matériel et se compose de trois parties : la tête, le tronc et les membres. A la tête se trouvent les cheveux et le visage. Dans le visage on distingue : le front, les yeux, le nez, les joues, la bouche, les lèvres, le menton et les oreilles. La tête tient au tronc par le cou.

Les parties du tronc sont : la poitrine, le ventre, le dos et les hanches.

Les membres sont les deux bras et les deux

jambes. Chaque bras a un coude et une main. La main a cinq doigts, les doigts ont des articulations et des ongles. Dans la jambe, il y a le genou, qui est la partie supérieure; le mollet, qui en est la partie charnue et postérieure; le pied, qui la termine.

On distingue, dans le pied, le talon, la plante des pieds, le coude-pied et les doigts. Le gros doigt du pied s'appelle orteil.

39. Les cinq sens.

Le lait est blanc. Je puis voir cela. Je le vois par mes yeux. Les oiseaux chantent. Je puis entendre leur chant. Je l'entends par mes oreilles. La glace est froide. J'éprouve cela en la touchant. Je touche par mes mains. Le miel est doux. Je puis le goûter. Je le goûte par la langue. La rose sent bon. Je puis flairer son odeur. Je la flaire par le nez.

Ainsi, je puis voir, entendre, toucher, goûter et flairer. J'ai cinq sens. J'en remercie le bon Dieu qui me les a donnés.

Quel est celui qui voit tout? — Comment appelle-

t-on un l'homme qui ne voit pas ? — Celui qui n'entend pas ? — Celui qui ne peut pas parler ?

40. L'aveugle de Jéricho.

Le Sauveur approchait un jour de Jéricho
avec ses disciples et la foule le suivait. Près de
la ville un pauvre aveugle, assis au bord du chemin, demandait l'aumône. Entendant le bruit
d'une troupe de gens qui passaient, il demanda
qui c'était. On lui répondit que c'était Jésus de
Nazareth. Aussitôt l'aveugle se mit à crier :
« Jésus, fils de David, ayez pitié de moi. »
Ceux qui allaient devant le gourmandaient vivement pour le faire taire ; mais lui cria encore plus fort : « Jésus, fils de David, ayez pitié
de moi. »

Le bon Sauveur avait entendu la prière du
malheureux ; il s'arrêta et ordonna qu'on le lui
amenât, et, quand l'aveugle se fut approché, il
lui dit : « Que voulez-vous que je fasse pour
vous ? — Seigneur, répondit l'aveugle, faites
que je voie. » Et Jésus lui dit : « Voyez ! votre foi
vous a sauvé. » A l'instant même l'aveugle vit
et il se mit à la suite de Jésus, en rendant

gloire à Dieu. Et tout le peuple, témoin de ce miracle, en bénissait le Seigneur.

41. Le sourd-muet.

Un jour on amena au Sauveur un homme sourd et muet, et on le pria de lui imposer les mains. Jésus tire cet homme de la foule et le prend à l'écart. Il lui met ses doigts dans les oreilles et de la salive sur la langue ; puis il lève les yeux au ciel, soupire profondément, et dit : Ephphéta ! c'est-à-dire, ouvrez-vous. Aussitôt les oreilles de cet homme s'ouvrent, sa langue se délie, et il parle distinctement. Jésus défendit aux témoins de ce miracle d'en rien dire à personne ; mais plus il leur défendait d'en parler, plus ils le publiaient ; et, dans leur admiration, ils disaient : « Il a bien fait toutes choses ; il a fait entendre les sourds et parler les muets.

42. Evitez les mensonges.

Evitez le mensonge avec un soin extrême. Si l'on remarque en vous peu de sincérité

L'on ne vous croira plus, lors même,
Que vous direz la vérité.

43. Le petit Louis.

Le petit Louis était seul dans la chambre. Il écrivait son devoir. Tout à coup il entendit de la musique dans la rue. C'était un petit Savoyard qui faisait danser son singe au son de sa vielle. Louis sauta vite vers la fenêtre pour mieux voir et mieux entendre ; mais il heurta contre une chaise sur laquelle se trouvait une cruche pleine d'eau. La chaise tombe, la cruche se brise et toute l'eau se répand sur le plancher. Louis eut d'abord grand'peur, mais son père étant rentré, il lui dit naïvement ce qui s'était passé. Et le père, satisfait de la sincérité de son enfant, chercha à le prémunir contre la curiosité et la précipitation, causes, l'une et l'autre, de bien des maux.

44. Au loup! au loup!

Luc, encore petit garçon, mais déjà grand menteur, gardait un troupeau de moutons à l'entrée d'une forêt. Un jour, voulant s'amuser, il se mit à crier de toutes ses forces : « Au loup ! au loup ! » — Les paysans qui l'entendirent, accoururent de toutes parts armés de haches et de bâtons ; mais ne voyant point de loup, ils s'en retournèrent et Luc riait de tout son cœur.

Le jour suivant, il cria de nouveau : « Au loup ! au loup ! » Les paysans revinrent encore, mais moins nombreux que la veille. Ils ne trouvèrent pas la moindre trace de loup, et ils soupçonnèrent quelque malice de la part du petit pâtre. Aussi, dirent-ils, en se retirant, qu'on ne les y prendrait plus.

Le troisième jour, le loup vint en effet. Luc se mit alors à pousser des cris lamentables : « Au secours ! au secours ! au loup ! au loup ! » Mais pas un seul paysan ne fit attention à ce cri d'alarme.

Le troupeau tout entier s'enfuit en toute hâte vers le village ; et le pauvre Luc, en voulant tenir tête au loup, fut mis en pièces par la bête carnassière.

Qui a été reconnu menteur n'est plus cru de personne.

45. Des animaux.

Il y a des animaux domestiques, qui sont au service de l'homme ; il y en a de sauvages, qui vivent dans les forêts et les déserts.

Les principaux animaux domestiques sont :

1° Parmi les *quadrupèdes* (1), le cheval, le mulet, l'âne, le bœuf, la vache, la chèvre, la brebis, le mouton, le porc, le chien, le chat, etc.

2° Parmi les oiseaux, la poule, le coq, l'oie, le dindon, le canard, le paon, le pigeon, etc.

Les animaux sauvages de nos contrées sont :

1° Parmi les quadrupèdes, le renard, le lièvre, le loup, le sanglier, le chevreuil, le cerf, l'ours, etc.

2° Parmi les oiseaux, l'aigle, le vautour, l'épervier, le corbeau, le geai, le merle, la grive, l'hirondelle, l'alouette, la fauvette, le pinson, le moineau, le chardonneret, etc.

3° Parmi les reptiles, la grenouille, le serpent, le lézard, etc.

Il y a aussi, dans nos pays, des insectes très-

---

(1) Animaux à quatre pieds.

utiles : l'abeille, qui produit le miel et la cire ; la cantharide, employée en médecine ; le ver-à-soie, espèce de chenille qui file la soie, etc.

Il y en a d'autres très-industrieux : l'araignée, la fourmi, etc. ; d'autres d'une grande beauté : les papillons ; d'autres incommodes : les mouches, les puces, etc.

46. Cri des animaux.

Le cheval hennit. La vache et le bœuf beuglent. Le taureau mugit. Le chien aboie et jappe. Le chat miaule. L'âne brait. La brebis et l'agneau bêlent. Le loup hurle. Le lion rugit. Le serpent siffle. Le renard glapit.

La poule glousse. Le pigeon roucoule. Le corbeau croasse. La grenouille coasse. L'abeille bourdonne. Les oiseaux chantent. Le poisson est muet.

47. Le cheval.

Le cheval est un des animaux les plus remarquables, par la grandeur et l'élégance des formes. De tous les animaux domestiques, c'est celui qui rend le plus de services à l'homme. Il le porte, il laboure son champ, il transporte les fardeaux et se soumet avec docilité aux travaux les plus pénibles. Il partage avec l'homme les plaisirs de la chasse et les dangers de la guerre.

Le cheval mange de l'avoine, du son, du foin, de l'herbe fraîche, du trèfle ; il est friand de sucre, de pain et de sel.

Les chevaux sont de différentes couleurs : bruns, noirs, roux, blancs, gris, tachetés.

48. Est pris qui a voulu prendre.

Un cultivateur avait un beau cheval qui, une nuit, lui fut volé dans son écurie. Il se rendit à un marché aux chevaux, qui se tenait à quinze lieues de là, ayant l'intention d'acheter un autre cheval.

Mais, parmi les chevaux exposés en vente, il reconnaît sa monture. Aussitôt saisissant l'animal par la bride, il crie à haute voix : « Ce cheval m'appartient ; on me l'a volé, il y a trois jours. »

Vous vous trompez, mon ami, dit fort poliment celui qui voulait vendre la bête ; il y a plus d'un an que ce cheval m'appartient. Il est possible qu'il ait de la ressemblance avec le vôtre, mais bien certainement il est à moi.

Alors le paysan, mettant vite les deux mains sur les yeux du cheval, dit : « Eh bien ! puisqu'il y a si longtemps que vous avez ce cheval, vous devez sans doute bien le connaître. Dites-moi donc de quel œil il est borgne ? » L'étranger, qui avait effectivement volé le cheval, mais qui ne l'avait pas encore bien examiné, fut embarrassé par cette demande. Néanmoins, comme il fallait dire quelque chose, il répondit au hasard : « C'est de l'œil gauche. »

Vous n'y êtes pas, dit le paysan, l'animal n'est pas borgne de l'œil gauche.

Ah ! mais, c'est vrai, s'écria le fripon, excusez, je me suis trompé, je voulais dire de l'œil droit ; oui, c'est de l'œil droit qu'il est borgne.

Alors le paysan, découvrant les yeux du cheval, s'écrie : Actuellement il est prouvé jusqu'à l'évidence que tu n'es qu'un voleur et un menteur. Venez, regardez, vous autres, le cheval n'est pas borgne du tout ; je n'ai fait ces questions que pour confondre ce misérable. Tous les assistants d'éclater de rire et de battre des mains en criant : Bravo, bravo, attrapé, attrapé !

Le voleur fut forcé de rendre le cheval, puis arrêté et conduit devant le juge, qui le condamna à la peine méritée.

Quelque rusé qu'il soit, pour abuser autrui,
Tout fripon peut trouver un plus rusé que lui.

49. Le bœuf.

Le bœuf a deux cornes polies, le front plat, les yeux gros, le regard lourd, le mufle large, le corps épais., la taille trapue, les jambes courtes et fortes, la queue longue et terminée par une touffe de poils. Il traîne la charrue et les voitures; mais il est lent et paresseux. Sa chair est bonne à manger; sa peau sert à faire du cuir, ses cornes et ses ongles sont employés dans l'industrie.

50. La grenouille qui veut être aussi grosse que le bœuf.

Une grenouille vit un bœuf
Qui lui sembla de belle taille.
Elle qui n'était pas grosse, en tout, comme un œuf,

Envieuse, s'étend et s'enfle et se travaille
Pour égaler l'animal en grosseur,
Disant : Regardez bien, ma sœur ;
Est-ce assez? dites-moi, n'y suis-je point encore?
—Nenni.—M'y voici donc?—Point du tout.—M'y voilà?
—Vous n'en approchez point. — La chétive pécore (1)
S'enfla si bien qu'elle creva.

51. Lamentation d'un âne sur son triste sort.

Existe-t-il, hélas ! un animal plus indigent,
plus tourmenté, plus malheureux que moi ! Les
chiens et les chats, ces êtres vils et rampants,
sont beaucoup mieux traités. Je n'ai en partage
que les travaux les plus durs et les plus stériles.
Tantôt on charge mon pauvre dos, jusqu'à m'ac-
cabler, d'un bât, de paniers pleins et comblés
de légumes, de racines et de je ne sais quoi ;
ils y mettent parfois, je crois bien, des cailloux
et du fer, tant cela pèse ; tantôt c'est un énorme
sac de blé ou de farine qu'ils y installent à ca-
lifourchon, tantôt enfin ils m'attèlent à une lourde
voiture, et toujours : Va, trotte, mon pauvre

(1) Bête.

baudet! et un coup de bâton à gauche, et un coup de bâton à droite; on dirait qu'ils veulent m'assommer pour vendre ma peau à la foire. Et pour toute cette peine, que me donne-t-on? La plus misérable pitance, ce que ne voudrait aucun animal : de la paille de jonc, dure comme bois, ou des chardons avec leurs épines. Voilà ton régal, vieille bête, Aliboron, rossignol d'Arcadie. Car voilà encore les gentillesses de mes maîtres et de leurs valets; ils se moquent de moi, ils me régalent de quolibets et d'injures; mes bonnes qualités, mes beautés même les font rire.

Mes oreilles, par exemple, sont bien les plus belles que possède aucun animal, s'il faut en juger par la longueur. Eh bien! ils s'en moquent et ils en décorent les petits enfants paresseux, ignorants, qu'ils nous font l'honneur d'appeler des ânes.

Ma voix! quoi de plus sonore? Rien, certainement, après le tonnerre; tout tremble dans la nature, tout fuit épouvanté; les hommes seuls s'en amusent.

Ah! pauvre sire, que ne suis-je plutôt un singe ou un inutile roquet! je ne ferais rien, je serais bien nourri, et j'irais me coucher mollement sur les genoux de monsieur ou de madame.

52. La brebis.

La brebis est aimée de l'homme pour ses bonnes qualités et les services qu'elle lui rend. Simple, timide, douce, patiente, faible, mais stupide et sans courage, la brebis ne sait ni se défendre ni se dérober au péril. Le plus petit roquet, par ses aboiements, peut disperser tout un troupeau de moutons, et, tandis que la poule se bat résolument pour ses poussins, les brebis n'ont pas le courage de protéger leurs petits agneaux; elles ne savent que se réfugier avec eux auprès du berger, qu'elles suivent partout.

On voit de nombreux troupeaux de moutons se laisser conduire par un petit berger, par un chien, ou même par une espèce de dindon appelé *pécari*; ils paissent tranquillement dans des lieux arides, où ils trouvent des herbes aromatiques. Ils obéissent mieux à leur gardien que bien des enfants ne le font à leurs parents.

La brebis nous donne la laine douce et

chaude, dont nous nous servons contre le froid; sa chair nous fournit une nourriture aussi substantielle que délicieuse, et de sa peau, on fait le maroquin.

53. La tonte des brebis.

Une mère sortit un jour avec sa petite fille Emma pour voir la tonte des brebis. Emma en avait grande pitié et disait : Ah! comme les hommes sont cruels de tourmenter ainsi ces pauvres animaux !

— Non, mon enfant, répliqua la mère : le bon Dieu veut que les hommes s'habillent avec leur laine.

— Mais, dit Emma, faut-il donc que ces pauvres animaux, ainsi dépouillés, souffrent du froid ?

— Oh! non, répondit la mère, ils ne souffrent pas; Dieu a pourvu à tout : il donne à l'homme un vêtement chaud et enlève à la brebis une toison qui l'incommoderait dans les grandes chaleurs de l'été.

54. Le loup et le petit mouton.

Des moutons étaient en sûreté dans leur parc; les chiens dormaient, et le berger, à l'ombre d'un grand ormeau, jouait de la flûte avec d'autres bergers voisins. Un loup affamé vint, par les fentes du bercail, reconnaître l'état du troupeau. Un petit mouton sans expérience, et qui n'avait jamais rien vu, entra en conversation avec lui : « Que venez-vous chercher ici? dit-il au glouton. — L'herbe tendre et fleurie, lui répondit le loup. Vous savez que rien n'est plus doux que de paître dans une verte prairie émaillée de fleurs pour apaiser sa faim, et d'aller étancher sa soif dans un clair ruisseau; j'ai trouvé ici l'un et l'autre : que faut-il davantage? J'aime la philosophie, qui apprend à se contenter de peu. — Il est donc vrai, repartit le petit mouton, que vous ne mangez pas la chair des animaux, et qu'un peu d'herbes vous suffit? Si cela est, vivons comme frères, et paissons ensemble. » Aussitôt le mouton sort du parc et va dans la prairie, où le sobre philosophe le met en pièces et le dévore.

Défiez-vous des belles paroles ; jugez des gens par leurs actions et non seulement par leurs discours.

55. Le loup, la chèvre et le chevreau.

Une chèvre allant paître l'herbe nouvelle, ferma sa porte en disant à son biquet : « Mon enfant, garde-toi d'ouvrir à celui qui ne dit pas : Foin du loup et de sa race ! »

Comme elle disait ces mots, un loup, qui était sorti de la forêt, les entendit et se promit d'en profiter. La chèvre n'avait pas aperçu ce méchant animal. Dès qu'elle fut partie, le loup contrefit sa voix, priant le chevreau de lui ouvrir la porte, en disant : Foin du loup et de sa race ! Le loup croyait pouvoir entrer sur-le-champ ; mais le biquet, surpris d'entendre sitôt le mot du guet, soupçonna que ce fût le loup. Alors, se souvenant d'un autre avis de sa mère, il regarda par une fente et dit : « Montre-moi patte blanche, ou je n'ouvre pas. » Le loup, pris au dépourvu, s'en retourna comme il était venu.

56. Le chien.

Le chien s'attache à son maître ; il garde la maison et le troupeau, chasse le gibier, dirige les pas de l'aveugle, trouve les objets perdus et les rapporte, tourne la roue des ateliers et se laisse dresser pour toutes sortes de services. Le chien a en partage la beauté, la force, la vitesse et la finesse de l'odorat.

57. Le petit chien.

Un jeune gentilhomme nommé Arthur se promenant un jour sur le bord d'un ruisseau, vit quelques méchants garçons qui allaient noyer un petit chien. Il eut pitié du pauvre animal, l'acheta et l'emporta avec lui au château qu'habitaient ses parents.

Le petit chien s'attacha si bien à son nouveau maître qu'il ne le quittait plus, et il lui témoignait sa reconnaissance par toutes sortes de caresses. Un soir qu'Arthur, étant entré dans sa chambre à coucher, allait se mettre au lit, le petit chien se mit à aboyer d'une manière tout

4

extraordinaire. Arthur, surpris, visita sa chambre, et regarda même sous le lit. Quelle ne fut pas sa surprise lorsqu'il y vit un homme qui s'y était blotti! Il jeta de hauts cris et appela au secours. Aussitôt tous les habitants du château accoururent. On mit la main sur ce misérable, et on le livra à la justice. Il avoua que son intention avait été d'assassiner le jeune gentilhomme et de piller ensuite le château.

Arthur remercia le Seigneur de l'avoir préservé de ce danger, et dit : « Dieu me récompense aujourd'hui de ce que j'ai fait pour mon petit chien; il me sauve par celui que j'ai sauvé. »

58. Le chat.

Le chat a la tête arrondie et de longs poils au museau. Ses oreilles sont petites et pointues, ses yeux étincelants. Il a la queue longue, les griffes crochues et rétractiles; la démarche circonspecte et le regard oblique. Le chat guette les souris et les rats, il fait la guerre aux petits oiseaux. Il est friand et voleur, flatteur, faux et méchant. Les jeunes chats sont gais, vifs, jolis, et seraient très-propres à amuser les enfants, si les coups de patte n'étaient pas à craindre ; mais leur badinage, quoique agréable et léger, n'est jamais innocent.

59. L'enfant et le chat.

Tout en se promenant, un bambin déjeûnait
   De la galette qu'il tenait.
Attiré par l'odeur, un chat vient, le caresse,
Fait le gros dos, tourne, et vers lui se dresse :
Oh ! le joli minet ! et le marmot charmé
Partage avec celui dont il se croit aimé.
Mais le flatteur à peine obtient ce qu'il désire,
   Qu'au loin il se retire.
Ah ! ah ! ce n'est pas moi, dit l'enfant consterné,
Que tu suivais ; c'était mon déjeûné.

60. La petite souris.

Une petite souris, sortant de son trou, vit une planchette soulevée au bord d'un trou : « Ah ! ah ! fit-elle, voilà une attrape ! Que les hommes sont malins ! Ils placent sous une planchette trois petites réglettes, à l'une desquelles ils attachent un petit morceau de lard, et ils appellent cela une *souricière*. Mais, nous autres, petites souris, nous sommes plus fines; nous savons fort bien que, si l'on mord à ce lard... *pouff!* la pierre tombe et écrase la gourmande. Non, non, je ne me laisserai pas attraper.... Mais, pourtant, je puis bien flairer ce lard ; cela ne peut pas me nuire. » Ayant dit ces mots, elle approche, elle flaire le lard; mais en le flairant, elle le heurte de son petit nez, si bien que soudain la planchette tombe et écrase l'imprudente souris.

61. Le chat, la vieille souris et la jeune.

Le chat. Approche! viens plus près de moi, mon petit ange! viens que je te baise. Je t'aime tendrement; que puis-je t'offrir qui te fasse plaisir?

La vieille souris. Fuis, mon enfant, fuis ce trompeur; garde-toi bien de t'en approcher.

La jeune souris. Maman, il ne me fait pas peur; son œil est si doux, et sa voix est si tendre !

Le chat. Vois-tu ce sucre et ces noix? Je te les donne, si tu viens auprès de moi.

La vieille souris. Fuis, mon enfant, fuis ce traître.

La jeune souris. Pourquoi donc, maman ? Voyez comme il m'aime !

Le chat. Viens donc ! rien ne doit t'arrêter ; que peux-tu craindre de moi, qui suis ton tendre ami ?

La vieille souris. Oh ! l'hypocrite ! comme il sait se contrefaire !

La jeune souris. Hélas ! que ferai-je ? Mais, après tout, qu'ai-je donc à craindre ? Je saurai bien m'échapper, s'il veut me faire du mal. Et aussitôt, elle se jette entre les pattes du chat.

La vieille souris. Malheureuse ! que fais-tu ? Tu es perdue.

Le chat. Laisse dire cette grondeuse, viens, mon ange ! viens dans mes bras.

La jeune souris. M'y voilà..... eh !..... mais !... aïe ! aïe ! oh ! le monstre ! il m'étouffe ! Ah ! il m'enfonce sa griffe ! il me tue ! ah ! pauvre maman, que ne t'ai-je obéi !

Aux bons avis de vos parents,
Soyez soumis, petits enfants ;
Que toujours leur expérience
Tempère une folle imprudence !

62. Cruauté envers les animaux.

Il y a des enfants qui tuent les mouches, qui arrachent les plumes aux oiseaux, qui mutilent les hannetons et qui tourmentent les ânes. Cette conduite est très-blamâble, et elle a toujours été regardée comme l'indice d'un mauvais cœur. Domitien, empereur romain très-cruel, s'amusait, dit-on, quand il était jeune, à percer des mouches avec un poinçon; plus tard, son plaisir était de faire jeter, dans le cirque, des chrétiens aux bêtes féroces.

Chez les anciens, on punissait sévèrement les enfants, qui faisaient souffrir les animaux. A Athènes, l'Aréopage condamna à mort un enfant, pour avoir crevé les yeux à des cailles.

63. Le nid d'oiseaux.

Un méchant enfant s'amusait à chercher des nids, et à enlever les petits oiseaux qu'il détruisait avec une joie maligne. Souvent la mère lui en faisait des reproches, et lui disait : « Méchant enfant, tu vois combien ta conduite me cause de peine ! sache bien que tu offenses le bon Dieu, et qu'il te punira sévèrement, si tu ne te corriges. » Mais, ni les bons avis, ni les menaces de la mère, ne firent impression sur le cœur de ce méchant fils, qui continua à dénicher et à maltraiter les oiseaux.

Un dimanche, au lieu d'aller à l'église, il se rendit de nouveau à la forêt, pour y exercer ses cruautés. Il découvrit au sommet d'un chêne très-élevé un gros et beau nid d'oiseaux. Il grimpe lestement sur l'arbre, et enlève du nid l'un des petits; déjà il veut s'emparer d'un autre, lorsque tout à coup le père et la mère, qui étaient de grands oiseaux de proie, se jettent sur lui et lui crèvent les yeux à coups de bec.

Qui ne veut écouter ni Dieu ni ses parents,
S'expose tôt ou tard à d'affreux châtiments.

64. Le pinson et la pie.

Apprends-moi donc une chanson,
Demandait la bavarde pie
A l'agréable et gai pinson,
Qui chantait au printemps sous l'épine fleurie.
— Allez, vous vous moquez, ma mie ;

A gens de votre espèce, Ah! je gagerais bien
Que jamais on n'apprendra rien.
— Eh quoi! la raison, je te prie?
— Mais, c'est que pour s'instruire et savoir bien chanter,
Il faudrait savoir écouter,
Et babillard n'écouta de sa vie.

65. Paroles de Jésus-Christ.

1. Voyez les oiseaux du ciel; ils ne sèment ni ne moissonnent, et cependant votre Père céleste les nourrit. — 2. Un verre d'eau donné en mon nom, ne restera pas sans récompense. — 3. Tout ce que vous faites au moindre des miens, je le regarderai comme fait à moi-même. — 4. Gardez-vous de scandaliser un de ces petits qui croient en moi. — 5. Bienheureux ceux qui ont le cœur pur parce qu'ils verront Dieu.

66. Les oiseaux chanteurs.

Un joli petit village était entouré d'une grande quantité d'arbres fruitiers. Au printemps, ces arbres étaient couverts de fleurs, et en automne, ils étaient chargés de pommes, de poires, de prunes et de noix. Sur leurs branches, ainsi que dans les haies, nichaient une foule de petits oiseaux, qui remplissaient les airs de leurs joyeux gazouillements.

Mais voilà que de méchants petits garçons se mirent à persécuter ces oiseaux. Ils leur jetaient des pierres, ils cherchaient et enlevaient les nids; ils écrasaient les œufs, ils emportaient les petits, ils les tuaient ou les laissaient périr de faim.

Les oiseaux ainsi maltraités quittèrent bientôt ces lieux inhospitaliers, et alors on n'entendit plus les doux concerts du rossignol ni de la fauvette, et les jardins et les vergers devinrent tristes et silencieux. Les chenilles et d'autres insectes, que les oiseaux détruisaient autrefois, se multiplièrent d'une manière effrayante, et dévorèrent les feuilles et les fleurs; de sorte que les arbres restèrent nus et dépouillés comme en plein hiver. L'automne arriva, mais il n'y eut pas de cueillette.

Les autorités prirent alors des mesures sévères, pour que les oiseaux ne fussent plus inquiétés. Mais plusieurs années se passèrent avant qu'ils fussent aussi nombreux qu'auparavant.

67. Les guêpes et les abeilles.

Un jour, des guêpes virent des abeilles posées sur des fleurs. Elles s'en approchent et leur
disent : « Bonjour, mes sœurs ! » — « Nous,
vos sœurs ! répondent les nobles et fiers insectes :
Et depuis quand existe-t-il cette parenté entre
nous et vous ? » — « Mais, c'est de toute la
vie, répondent les guêpes en colère. Voyez, en
effet, nous avons des ailes tout comme vous,
même taille, même corsage et même dard.
Notre ressemblance n'est-elle pas parfaite ? —
Il est vrai, nous sommes pourvues des mêmes
armes, répliquent les abeilles, mais vous vous
en servez pour provoquer, et nous pour nous
défendre.

68. Albert et les abeilles.

Un jour, Albert entra dans le jardin du voisin, et y vit un beau rosier tout en fleurs. Il
cueillit une rose, et se dit : « Allons, que j'en res-
pire le parfum tout à mon aise. » Mais à peine
avait-il porté à son nez la rose à demi-épanouie,

qu'il ressentit tout à coup une violente douleur: une abeille, cachée dans le calice de la fleur, l'avait piqué au nez.

Albert, qui était très-emporté, se mit en colère, et ramassa des mottes de terre qu'il lança comme un furieux contre la ruche. Aussitôt les abeilles irritées l'attaquèrent en foule et le couvrirent tellement de piqûres, qu'il en tomba malade. Il eut à souffrir d'horribles douleurs, et ce ne fut qu'avec beaucoup de peine qu'on parvint à lui sauver la vie.

69. Les fourmis.

Les fourmis sont des insectes très-nombreux et très-actifs. Elles forment entre elles un petit peuple qui a, pour ainsi dire, son chef, ses lois et sa police. Elles habitent une espèce de petite ville, qu'elles construisent elles-mêmes avec un ordre admirable, et qu'on appelle *fourmilière*. C'est là que, durant la moisson, elles traînent avec une activité et une diligence étonnantes, des charges trois fois plus grosses qu'elles. Quelquefois, si une fourmi trop chargée rencontre en chemin une autre fourmi, celle-ci lui prête secours; alors toutes deux culbutent le grain d'orge ou de millet, et elles arrivent bientôt au magasin, à bout de force, mais non de courage.

70. Maximes.

1. Ne fuyez pas le travail; c'est la loi imposée par le Très-Haut. — 2. Jusqu'à quand dormirez-vous, paresseux! allez à la fourmi; considérez sa conduite et apprenez à être sage. — 3. Un métier vaut un fond de terre. — 4. Apprenez avec peine et vous aurez du plaisir à savoir. — 5. A force de forger, on devient forgeron.—6. Mieux vaut la crainte de Dieu que de grands trésors.

71. La cigale et la fourmi.

La cigale ayant chanté
   Tout l'été,
Se trouva fort dépourvue
Quand la bise fut venue;
Pas un seul petit morceau
De mouche ou de vermisseau.
Elle alla crier famine,
Chez la fourmi, sa voisine,
La priant de lui prêter

Quelques grains pour subsister
Jusqu'à la saison nouvelle.
« Je vous paierai, lui dit-elle,
Avant l'août, foi d'animal,
Intérêt et principal. »

La fourmi n'est pas prêteuse ;
C'est là son moindre défaut.
Que faisiez-vous au temps chaud,
Dit-elle à cette emprunteuse.
« Nuit et jour, à tout venant,
Je chantais, ne vous déplaise. »
— Vous chantiez ! j'en suis fort aise :
Eh bien ! Dansez maintenant (1).

72. Du temps (2).

Le jour est composé de vingt-quatre heures, et l'heure de soixante minutes. Sept jours font une semaine. Les sept jours de la semaine sont : dimanche, lundi, mardi, mercredi, jeudi, vendredi et samedi. Quatre semaines font d'ordinaire un mois, et douze mois font une année. Les douze mois de l'année sont : janvier, février,

(1) Cette morale a pour but de flétrir la paresse.
(2) Dessiner un cadran au tableau noir, et apprendre aux enfants à connaître les heures du jour.

mars, avril, mai, juin, juillet, août, septembre, octobre, novembre et décembre. L'année commune compte trois cent soixante-cinq jours, et il vient tous les trois ans une année exceptionnelle qu'on appelle bissextile, qui compte trois cent soixante-six jours.

73. Le courtisan malade.

Un courtisan, qui avait passé sa vie au service de son prince, étant tombé dangereusement malade, le prince, qui l'aimait, vint le visiter en personne, accompagné de ses autres courtisans. Il le trouva dans le plus grand danger, presque à l'agonie, et près de rendre le dernier soupir. Touché de ce triste état, pourrais-je quelque chose pour vous? lui dit-il; demandez avec confiance, et ne craignez pas d'être refusé. Prince, lui répondit le malade, dans la triste situation où je suis, je n'ai qu'une chose à vous demander, ce serait de m'accorder un quart d'heure de vie. Hélas! ce que vous me demandez n'est pas en mon pouvoir, dit le prince : demandez autre chose, si vous voulez que je vous exauce. Eh quoi! dit alors le malade, il y a cinquante ans que je vous sers, et vous ne pouvez m'accorder un quart d'heure de vie! Ah! si j'avais servi aussi fidèlement et aussi longtemps le Seigneur, il m'accorderait à présent, non pas un quart d'heure de vie, mais une éternité de bonheur. Un instant après, il rendit l'esprit.

74. Le papillon et l'abeille.

S'il fait beau temps,
Disait un papillon volage,
S'il fait beau temps,
Je vais folâtrer dans les champs.
Et moi, lui dit l'abeille sage,
Je vais avancer mon ouvrage,
S'il fait beau temps.

75. Le petit écolier.

Un petit enfant s'en allait à l'école ; mais il était triste et il aurait préféré passer son temps à s'amuser. Il vit une abeille, et lui dit : charmante abeille, je dois aller à l'école ; mais je m'y ennuie ; si tu veux nous jouerons, nous rirons ensemble, et tu m'apprendras à voler. » — Oh!

non, petit enfant, répondit l'abeille, je ne puis m'amuser, vois-tu quel beau jour ! les fleurs sont écloses ; je viens d'un champ fleuri, je vole à la ruche, et vite je retourne aux fleurs. Le temps passe, je suis pressée. Adieu ! petit enfant, cherche quelque autre qui s'amuse avec toi.

Le petit enfant s'adressa alors à une hirondelle qui, en passant, effleurait sa joue rose. — « Oh ! bonjour, ma chère hirondelle ! Car, c'est toi qui loges sous notre toit ; arrête, arrête, reste auprès de moi, et jouons ensemble. Vois-tu, je suis un bon petit camarade, et je t'en aimerai davantage. » — « Je le voudrais bien, petit enfant, répondit l'hirondelle, mais l'hiver a endommagé et dégarni mon nid, il faut que vite je le répare et que je le garnisse. Le temps passe, il faut que j'en profite. Adieu ! petit enfant. » L'hirondelle s'envola, et l'enfant resta muet, la tête baissée.

Puis, continuant lentement son chemin, il rencontra un dogue. Il s'en approcha et lui dit : « Bon dogue, écoute mon chagrin, je n'aime pas mon livre que voici ; c'est mon tourment de tous les jours. Tu sais de jolis jeux et moi j'en sais aussi. Tu n'as rien à faire, bon dogue ; si tu veux, nous jouerons ensemble. » — Le dogue répondit : « Enfant, tu te trompes, si tu crois que je n'ai rien à faire. Ecoute ! je suis le gardien fidèle de tout ce domaine, j'en écarte les voleurs et je passe toutes les nuits à faire bonne sentinelle. Le jour seulement je m'accorde quelque peu de repos. Pendant que mon maître travaille aux champs, je garde ici sa maison et son trésor. Va, petit enfant, crois-moi, laisse-là ton jeu et applique-toi à lire dans ton livre. »

Cette fois, notre petit écolier satisfait remercia le dogue de sa leçon, puis vite il courut à l'école, où il arriva pourtant un peu tard. Il se donna de la peine et, avant le mois d'août, il lisait couramment dans son livre.

76. Bon emploi du temps.

Notre vie est si courte ! il faut bien l'employer ;
Instruisez-vous, enfants, dès l'âge le plus tendre.
Vous serez malheureux si vous cessez d'apprendre ;
Et c'est un jour perdu qu'un jour sans travailler.

Pour s'instruire de son devoir
Il est toujours temps de s'y prendre ;
On rougit de ne pas savoir,
Quand on a eu honte d'apprendre.

77. Modestie en classe.

Saint Louis de Gonzague était d'une si grande modestie lorsqu'il allait en classe, que les écoliers s'arrêtaient dans la cour du collége pour le voir passer; plusieurs en étaient touchés et se sentaient excités à la vertu en le voyant. Cette même modestie paraissait sur son visage pendant tout le temps de la classe, mais d'une façon si charmante, que beaucoup de personnes y venaient, seulement pour avoir le plaisir de le voir. Parmi ces nombreux visiteurs, se trouvait un prêtre distingué qui passait en classe tout le temps que Louis y demeurait. Il tenait toujours les yeux attachés sur ce saint jeune homme, dont il admirait avec une grande consolation la candeur, la modestie, l'attention et l'obéissance.

78. Le jeune Stanislas.

Saint Stanislas Kostka avait choisi, dès son bas âge, la très-sainte Vierge pour sa mère. Il ne se lassait point de parler d'elle. Son bonheur était d'orner de fleurs ses statues. Toujours il avait, entre les mains, ou son image, ou un chapelet, ou quelque livre traitant de ses grandeurs. Il avait prié cette bonne Mère de lui obtenir de mourir le jour de la fête de sa glorieuse Assomption. Sa prière fut exaucée; il mourut, en effet, le 15 août, âgé seulement de dix-neuf ans, mais ayant déjà atteint une haute sainteté, fruit de sa dévotion à la très-sainte Vierge.

79. L'écolier et le serin.

Un enfant qui, toujours paresseux et volage,
 En deux ans n'avait rien appris,
Entendit un serin qui, perché dans sa cage,
Sifflait parfaitement un air des plus jolis.
Surpris, émerveillé de ce charmant ramage :
Je savais, dit l'enfant, qu'un serin chante bien ;
Mais j'ignorais qu'il pût être musicien :
Comment, ajouta-t-il, as-tu donc fait pour l'être ?
Comment j'ai fait ! répondit le serin :
J'ai profité des leçons de mon maître ;
Et lorsqu'il me sifflait le soir et le matin,
J'oubliais tout le reste, et j'étais tout oreille :
 C'est à force de l'écouter
Que j'ai, dans quelques mois, appris à l'imiter ;
Et c'est pourquoi l'on dit que je siffle à merveille.
 Mais il ne dépend que de toi

De te rendre à ton tour habile ;
Il ne faut qu'être, comme moi,
A ce que l'on t'enseigne, attentif et docile.

Que chaque enfant pour lui prenne cette leçon ;
Elle est aussi sage qu'utile ;
On n'apprend rien sans peine et sans attention :
Le savoir est le fruit de l'application.

80. Respect pour les maîtres.

L'Empereur Théodose-le-Grand, voulant
donner à son fils Arcadius une éducation con-
venable à son rang, s'adressa au pape Damase
pour obtenir de lui un précepteur qui, par son
savoir et ses vertus, pût remplir dignement une
telle charge. Le pape lui envoya Arsène, diacre
de l'Église romaine.

Arsène étant arrivé à la cour de Constanti-
nople, l'Empereur le conduisit auprès de son
fils, et lui dit : « Désormais, vous serez son
père plus que je ne le suis moi-même. »

Dès le lendemain, Arsène commença ses leçons. Théodose, étant survenu, trouva Arcadius,
revêtu de la pourpre et assis en présence de
son maître debout. L'Empereur en témoigna son
mécontentement, fit quitter à son fils les mar-

ques de sa dignité, et voulut qu'à l'avenir l'élève se tînt debout et la tête découverte en la présence de son précepteur assis.

81. Le dimanche.

Le dimanche, premier jour de la semaine, est le jour du Seigneur. Nous devons le sanctifier par l'assistance à la sainte messe et aux autres offices divins et par la pratique des bonnes œuvres.

Le dimanche est aussi un jour de repos ; le travail y est défendu. Cependant on peut, en ce jour, prendre des récréations innocentes.

> Les dimanches tu garderas
> En servant Dieu dévotement.

82. Le profanateur du dimanche puni.

Saint Grégoire de Tours raconte que, sans tenir compte de la loi de Dieu, un cultivateur sortit le dimanche pour labourer son champ. Mais sa charrue, ayant besoin d'une réparation, il prit sa hache pour aller couper le bois nécessaire à cette fin. C'est là que Dieu l'attendait. Les doigts de ce malheureux se courbèrent et se serrèrent tellement autour du manche de sa hache, qu'il fut impossible de la lui arracher. Il porta, pendant deux années entières, cette marque visible de la colère de Dieu.

83. Les Fêtes de l'année.

L'année religieuse est ornée de beaux jours de fête.

Quatre de ces fêtes se célèbrent le jour où elles tombent et doivent être sanctifiées comme le dimanche. Ces fêtes sont :

1° Noël, où l'on honore la naissance de l'Enfant-Jésus dans une étable à Bethléem ;

2° L'Ascension, où l'on célèbre le triomphe de Jésus-Christ, montant au ciel ;

3° L'Assomption, qui nous rappelle l'enlèvement de la très-sainte Vierge Marie, de la terre au ciel et son couronnement dans la gloire;

4° La Toussaint, instituée pour honorer tous les bienheureux du ciel, et pour remercier Dieu des grâces qu'il leur a accordées.

Quatre autres grandes fêtes chrétiennes se célèbrent le dimanche. Ce sont :

1° La fête de Pâques, qui nous rappelle Jésus-Christ sortant glorieux du tombeau ;

2° La Pentecôte, où l'on célèbre la descente du Saint-Esprit sur les Apôtres dans le cénacle ;

3° La Fête-Dieu, instituée en l'honneur du Très-Saint-Sacrement de l'autel, et remarquable par de belles processions ;

4° L'Epiphanie ou le jour des Rois, qui nous rappelle l'apparition de l'étoile aux Mages et notre vocation au Christianisme.

> Les fêtes tu sanctifieras
> Qui te sont de commandement.

84. La pieuse mercière.

Dans la ville du Mans demeurait une personne qui gagnait honnêtement sa vie moyennant un petit commerce. Elle était très-pieuse, et tenait sa boutique fermée les jours de dimanche et de fête. Sa probité lui avait gagné la confiance d'un grand nombre d'habitants, et des personnes d'ailleurs peu religieuses, envoyaient le samedi leurs domestiques faire leurs emplettes chez la bonne mercière, parce qu'elles savaient qu'elle ne livrait aucune marchandise le dimanche. Elle vendait plus que bien d'autres marchands, et quoiqu'elle se contentât d'un modeste profit, elle acquit une certaine aisance qui lui permit de prendre part à beaucoup de bonnes œuvres, et de laisser en mourant un héritage considérable à sa famille.

Dieu avait ainsi béni sa probité, son travail et surtout la fidélité avec laquelle elle avait toujours observé la loi du dimanche.

85. Blasphèmes punis.

Un jour deux Israélites se prirent de querelle. Pendant leur dispute, l'un d'eux se permit de blasphémer le saint nom de Dieu. Aussitôt on l'arrêta, et Moïse consulta le Seigneur pour savoir quel châtiment il fallait infliger au coupable. Dieu lui répondit : « Faites-le sortir du « camp; que tous ceux qui ont entendu ses « blasphèmes mettent la main sur lui et qu'il soit lapidé par tout le peuple. » Cet arrêt de Dieu fut aussitôt exécuté.

Dieu en vain tu ne jureras,
Ni autre chose pareillement.

86. Respect dû aux prêtres.

Saint Martin, évêque de Tours, se rendit un jour à Trèves pour solliciter la grâce de quelques malheureux auprès de l'empereur Maxime. Ce prince regarda comme le sujet d'une joie extraordinaire d'avoir obtenu du saint évêque qu'il mangerait à sa table. Il invita toutes les personnes les plus considérables de sa cour, entre autres son frère et son oncle, tous deux comtes, et le préfet du prétoire. Le Saint fut placé à côté de l'empereur, et un prêtre qui l'accompagnait, entre les deux comtes.

Au milieu du repas, un officier présenta, selon l'usage, la coupe à l'empereur. Maxime ordonna de la présenter à saint Martin, s'attendant à la recevoir de sa main ; mais l'évêque, ayant bu, la donna à son prêtre, comme à la personne la plus digne de l'assem-

blée. L'empereur et toute sa cour applaudirent
à cette action.

87. Compliment de bonne année.

Moi, qui suis un tout jeune enfant,
Je n'entends rien aux compliments.
Voici les simples vœux que mon cœur manifeste :
Mes chers parents, bon jour, bon an, bonne santé,
Du repos et de la gaieté,
Et dans cent ans au moins, la demeure céleste !

88. Les étrennes.

Ces quatre petits vers vous disent le bonjour ;
Ces quatre petits vers vous peignent mon amour ;
Ces quatre petits vers vous offrent mes étrennes ;
Ces quatre petits vers vous demandent les miennes.

89. Le petit cœur.

Mon petit cœur qui toujours trotte,
Qui fait toujours tique, taque, pan, pan,
Me dit hier tout frétillant,
Comme je passais ma culotte :
C'est demain le premier de l'an !
Allons, petit, un compliment
Pour le papa, pour la maman....

Bien vite, bien vite, bien vite !
S'il n'était pas fait tout de suite
Les rats mangeraient les bonbons,
Car ils les aiment, ces lurons,
Tout comme les petits garçons.
Est-ce pour ces vilaines bêtes
Que les pralines furent faites ?

C'est bien pour moi, pas vrai, maman ?
Eh bien ! s'il vous plaît, donnez-m'en ;
Quand j'en aurai goûté quelqu'une
Mon compliment sera plus doux,
Comme je vais penser à vous !
En les croquant, je dirai sur chacune :
(Et voilà bien mon compliment !)
« Bonne, bonne ! mais pas si bonne,
Et je ne l'aime pas autant,
Que la bonne main qui la donne. »

90. Aide-toi, le Ciel t'aidera.

Le cultivateur laboure ; il sème, il plante, il
arrose ; mais c'est Dieu qui fait germer la se-
mence. Le laboureur fait ce qu'il peut ; le bon
Dieu se charge de faire ce que l'homme ne
saurait faire. Voyez, comme pendant l'hiver, il
couvre les plantes d'un vêtement de neige !
Voyez, comme en été il réchauffe et vivifie ces
plantes par le soleil et par la pluie ! O homme !

fais ce que tu dois, confie le reste au Seigneur, et n'oublie pas ces paroles :

Aide-toi, le Ciel t'aidera.

91. Le laboureur et ses fils.

Travaillez, prenez de la peine ;
C'est le fonds qui manque le moins :
Un riche laboureur, sentant sa mort prochaine,
Fit venir ses enfants, leur parla sans témoins :
Gardez-vous, leur dit-il, de vendre l'héritage
Que nous ont laissé nos parents :
Un trésor est caché dedans.
Je ne sais pas l'endroit ; mais un peu de courage
Vous le fera trouver ; vous en viendrez à bout.
Remuez votre champ dès qu'on aura fait l'août,
Creusez, fouillez, bêchez, ne laissez nulle place
Où la main ne passe et ne repasse.
Le père mort, les fils vous retournent le champ
Deçà, de là, partout ; si bien qu'au bout de l'an
Il en rapporta davantage.
D'argent, point de caché. Mais le père fut sage
De leur montrer avant sa mort
Que le travail est un trésor.

92. Les professions.

Le menuisier scie le bois, rabote les planches et fait des meubles. Le ferblantier fabrique des lampes, des arrosoirs, des chéneaux. Le meunier moud le blé pour en faire de la farine. Le boulanger cuit le pain. Le tailleur d'habits fait des pantalons, des gilets, des vestes. Le cordonnier fait des souliers, des bottes. Le tanneur fabrique le cuir. Le maréchal-ferrant ferre les chevaux. Le serrurier fait toutes sortes d'outils en fer. Le tisserand tisse la toile, les mouchoirs et autres étoffes. Le cultivateur laboure la terre, l'ensemence, lève les récoltes. Le bûcheron coupe et façonne le bois. Le cuisinier prépare les repas.

93. L'horloger.

L'horloger est un homme très-habile. Au moyen de tout petits instruments, il confectionne et joint ensemble des roues, des tenons, des vis, des timbres, des cadrans, et en fait des horloges et des montres. Dans son atelier, on voit des montres d'or et d'argent, des horloges que supportent d'élégantes colonnes, et des pendules grandes et petites. On y entend un *tic tac* continuel et sur tous les tons. Et lorsque l'heure sonne, quel tintamarre! c'est à vous étourdir! Ici, vous entendez une pendule qui imite le chant du coucou; là, une autre qui joue l'air de *Marlborough* ou le *Robin des Bois*. Vraiment, c'est un homme très-habile que l'horloger.

94. Le firmament ou le ciel.

Le ciel est cette voûte apparente et azurée que nous voyons au-dessus de nos têtes. Le ciel est quelquefois sombre et couvert de nuages. Souvent le matin, il est rouge du côté du *levant*, et le soir, du côté du *couchant*. Quand le ciel est clair, nous y apercevons le soleil que Dieu a créé pour présider au jour, la lune qu'il a faite pour présider à la nuit, et les étoiles qu'il a destinées à orner la voûte du ciel.

95. Le matin.

Le repos de la nuit a été tranquille et calme. Le réveil sonne. L'homme sort du lit, adresse sa prière à Dieu et quitte sa demeure pour vaquer à ses affaires. C'est le matin. Alors, l'aurore apparaît à l'orient. La lune et les étoiles pâlissent. Les oiseaux entonnent leur hymne à la louange du Créateur. Le soleil se lève. Les troupeaux quittent l'étable et vont au pâturage. L'abeille va butiner sur les fleurs qui s'épanouissent. Le pigeon roucoule. Le coq chante. La cloche sonne l'*Angelus*. La journée a commencé.

96. L'amour de la prière.

Saint Antoine, patriarche des cénobites, avait tant d'attrait pour la prière qu'il y consacrait de longues heures pendant la journée et souvent des nuits entières. Quand le matin il voyait briller les rayons du soleil, il s'écriait : « Beau soleil, pourquoi viens-tu me distraire ? »

Ce saint disait que l'univers était comme un

grand livre où chacun pouvait lire et apprendre à connaître Dieu. — En effet, tous les objets que nous voyons nous font souvenir de Dieu, admirer sa puissance, sa bonté, ses grandeurs. Les fleurs et les astres, la terre et les cieux, toutes les créatures nous montrent Dieu et nous parlent de Dieu à leur manière; mais notre peu de foi nous empêche de comprendre leur langage.

97. Le coq.

Une mère de famille très-active éveillait tous les matins ses deux servantes, au premier chant du coq. Celles-ci s'irritèrent si fort contre le pauvre animal, qu'elles l'égorgèrent, afin de pouvoir rester plus longtemps au lit. Mais qu'arriva-t-il? La vieille maîtresse, ne sachant plus quelle heure il était, les éveilla dès ce moment beaucoup plus tôt que par le passé, quelquefois même à minuit.

En voulant se soustraire à quelque faible gêne,
On s'attire souvent une plus grande peine.

98. Hymne de l'enfant à son réveil.

O Père, qu'adore mon père,
Toi, qu'on ne nomme qu'à genoux !
Toi, dont le nom terrible et doux
Fait courber le front de ma mère.

On dit que ce brillant soleil
N'est qu'un jouet de ta puissance ;
Que sous tes pieds il se balance
Comme une lampe de vermeil.

On dit que c'est toi qui fais naître
Les petits oiseaux dans les champs,
Et donnes aux petits enfants
Une âme aussi pour te connaître !

On dit que c'est toi qui produis
Les fleurs dont le jardin se pare,
Et que sans toi, toujours avare,
Le verger n'aurait point de fruits.

Aux dons que ta bonté mesure,
Tout l'univers est convié,
Nul insecte n'est oublié
A ce festin de la nature.

Et pour obtenir chaque don
Que chaque jour tu fais éclore,
A midi, le soir, à l'aurore,
Que faut-il ? prononcer ton nom !

O Dieu, ma bouche balbutie
Ce nom des anges redouté ;
Un enfant même est écouté
Dans le chœur qui te glorifie.

Ah ! puisqu'il entend de si loin
Les vœux que notre bouche adresse,
Je veux lui demander sans cesse
Ce dont les autres ont besoin.

Donne une famille nombreuse
Au père qui craint le Seigneur,
Donne à moi sagesse et bonheur,
Pour que ma mère soit heureuse.

Donne au malade la santé,
Au mendiant le pain qu'il pleure,
A l'orphelin une demeure,
Au prisonnier la liberté.

Mets dans mon âme la justice,
Sur mes lèvres la vérité,
Qu'avec crainte et docilité
Ta parole en mon cœur mûrisse.

Et que ma voix s'élève à toi,
Comme cette douce fumée
Que balance l'urne embaumée
Dans la main d'enfants comme moi !

99. Dieu prend soin de ceux qui se confient en Lui.

Thérèse était une pauvre veuve, mère de cinq petits enfants. Un matin elle leur dit : « Mes chers enfants, aujourd'hui je ne puis rien vous donner à manger ; je n'ai ni pain, ni farine, ni même un œuf. Priez le bon Dieu qu'il nous vienne en aide. Il est riche et puissant, et il dit lui-même : Invoquez-moi dans vos besoins, et je vous secourrai. Là-dessus le petit Chrétien, à peine âgé de six ans, se rendit à l'école, à jeun et bien triste. En passant devant l'église, il en vit la porte ouverte. Il y entra et s'agenouilla devant l'autel. Ne voyant personne, il fit sa prière à haute voix : « O bon Père, qui êtes dans les cieux ! nous sommes cinq enfants et nous n'avons rien à manger. Notre mère n'a ni pain, ni farine, ni même un seul œuf. Donnez-nous donc de quoi manger, afin que nous ne mourrions pas de faim avec notre bonne mère. Ah ! venez à notre aide ! Vous êtes riche et puissant, et vous avez promis de secourir ceux qui vous invoquent. »

Ainsi pria Chrétien dans la simplicité de son cœur ; et il s'en alla à l'école. Quand il revint à la maison, il aperçut sur la table une grande miche de pain, un plat de farine et une corbeille remplie d'œufs. « Que le bon Dieu soit béni ! s'écria-t-il tout joyeux. Bonne mère, est-ce un ange qui nous a apporté tout cela par la fenêtre ? » — « Non, dit la mère ; néanmoins le bon Dieu a exaucé ta prière. Lorsque tu étais à genoux devant l'autel, et que tu priais à haute voix, une bonne dame se trouvait derrière une colonne. Tu ne pouvais pas la voir ; mais elle t'a vu et entendu. C'est elle qui nous a envoyé tout ce que tu vois. Chers enfants, remerciez bien le bon Dieu de ce secours, et n'oubliez jamais de l'invoquer dans vos besoins. »

100. Le grand-père Léon.

Le grand-père Léon s'en allait un jour aux champs avec son petit-fils Charles, âgé de sept ans. Comme ils arrivaient dans la campagne, le soleil se leva : ce n'était d'abord qu'une bande rougeâtre à l'horizon ; mais elle devint bientôt comme un vaste incendie, l'orient parut tout en feu.

A ce moment, le père Léon garda le silence, découvrit ses cheveux blancs et fit sa prière à Dieu.

Cependant Charles ouvrait de grands yeux, poussait des cris de joie en admirant la beauté du spectacle.

Le père Léon, reprenant la parole, dit : « Mon enfant, c'est Dieu, comme tu le sais déjà, qui a fait tout l'univers. Le soleil est l'œuvre de ses mains, et la magnificence de l'astre du jour n'est qu'une faible image de la splendeur de la gloire de Dieu. La prière est l'hommage le plus indispensable que nous lui devions. C'est pour l'honorer et lui demander ses grâces, que le matin et le soir nous le prions.

Charles aussitôt joignit ses petites mains et commença sa prière.

101. Paroles de Jésus-Christ.

1. Tout ce que vous demanderez à mon Père en mon nom, il vous l'accordera. — 2. Demandez et vous recevrez. — 3. Veillez et priez, afin que vous n'entriez point en tentation. — 4. Il faut toujours prier et ne s'en point lasser.

— 5. Que sert à l'homme de gagner le monde entier, s'il vient à perdre son âme ?

102. Le soir.

Le soleil va se coucher, et de nouveau le ciel se colore : c'est le crépuscule. De légers brouillards se lèvent, et une douce brise, caressant le feuillage, tempère la chaleur du jour. Les oiseaux se taisent et des essaims d'insectes voltigent dans les airs. Les cultivateurs quittent leurs champs ; les artisans, leurs ateliers, et la cloche du soir les rappelle tous à la prière. Les derniers rayons du soleil ont disparu. Il fait nuit. Dans toutes les maisons on a allumé des flambeaux, et au firmament scintillent des milliers d'étoiles. La mère soigneuse a préparé le souper. Après le repas, on fait la prière et l'on se couche. Chacun dort ; mais Dieu veille sur nous par le ministère de ses anges.

Quand l'ange du Seigneur écarte tous nos maux,
Que le repos est doux après de longs travaux !

103. L'Ange gardien.

Veillez sur moi quand je m'éveille,
Bon ange, puisque Dieu l'a dit ;
Et chaque nuit quand je sommeille,
Penchez-vous sur mon petit lit.
Ayez pitié de ma faiblesse,
A mes côtés marchez sans cesse,
Parlez-moi le long du chemin ;
Et pendant que je vous écoute,
De peur que je ne tombe en route,
Bon ange, donnez-moi la main !

104. Le rêve.

Un enfant, nommé Léopold, pleurait amère-
rement en se levant, et de grosses larmes cou-
laient sur ses joues. Son père et sa mère allè-
rent à lui tout effrayés, croyant qu'il lui était
arrivé un accident ou qu'il était malade. Qu'as-
tu, cher enfant, lui demanda sa mère ? qui est-ce
qui t'a fait du mal ?

L'enfant répondit en pleurant : J'avais tout à
l'heure douze jolis petits moutons blancs ; ils
marchaient autour de moi, me léchaient la
main, et j'étais assis au milieu d'eux avec une
houlette : à présent ils sont partis, et je ne sais

pas ce qu'ils sont devenus. En disant ces mots, il recommença à pleurer plus fort encore. Les parents comprirent que la cause de son chagrin n'était qu'un rêve, et ils se regardèrent en souriant.

Et le père ajouta : Nous rions, mère ; et cependant nos gémissements et nos chagrins ne sont souvent que des larmes d'enfant, la plupart de nos désirs et de nos souhaits ne ressemblent-ils pas au rêve de Léopold?

105. Songes de Joseph.

Un jour que Joseph avait travaillé à la campagne avec ses frères, il eut la nuit suivante un songe qui lui parut singulier et qu'il leur raconta : « J'ai songé, leur dit-il, que nous étions ensemble à lier des gerbes dans notre champ. Tout à coup ma gerbe se leva de terre et se tint debout, tandis que les vôtres courbaient la tête devant la mienne et paraissaient l'adorer (1). » Alors ses frères lui dirent :

---

(1) Le mot *adorer* ne désigne pas toujours, dans l'Ecriture-Sainte, le culte suprême ; il signifie quelquefois *honorer, vénérer.*

« Quoi ! tu serais notre roi, et nous serions tes sujets ? » — Dès ce moment, leur jalousie contre lui devint furieuse, et l'innocent jeune homme, sans s'en douter, y mit le comble en leur disant une autre fois : « J'ai vu en songe le soleil, la lune et onze étoiles qui m'adoraient. » C'en fut assez : ses frères dès-lors résolurent de le perdre.

Ces deux songes se sont-ils réalisés ? — Comment ?

106. La terre.

La terre que nous habitons, a la forme d'un globe ou d'une boule immense. Elle se compose de deux parties : la terre ferme et l'eau. L'eau occupe à peu près les deux tiers de sa surface et forme les mers, les lacs. La terre ferme comprend les continents et les îles. On trouve dans le sein de la terre, des pierres, du cuivre, de l'argent, de l'or, de la houille. La mer est habitée par une multitude immense de poissons, qui servent à la nourriture de l'homme. A la surface du globe, on remarque de grandes élévations de terre, ce sont les montagnes.

Les hommes ont partagé la surface du globe en cinq parties : l'Europe, l'Asie, l'Afrique, l'Amérique et l'Océanie. Ces cinq parties du monde sont, à leur tour, divisées en contrées. Chaque contrée est habitée par un peuple particulier. La France, notre glorieuse patrie, est une des contrées de l'Europe ; elle a environ 36 millions d'habitants. Paris est la capitale de la France. C'est une des villes les plus belles et les plus peuplées de l'univers : elle compte près d'un million et demi d'habitants.

107. Les plantes.

Les plantes sont l'ornement de la terre. Dieu les a créées pour l'utilité et l'agrément de l'homme.

Parmi les plantes, on distingue les arbres fruitiers : le pommier, le poirier, le cerisier, le prunier, le noyer, l'abricotier, le pêcher.

Les principaux arbres à bois de construction sont le sapin et le chêne ; ceux à bois propre à faire des meubles sont : le frêne, le hêtre, la charmille, l'érable, le peuplier, le tilleul.

Les arbrisseaux les plus remarquables de nos contrées sont la vigne, le noisetier, le groseiller.

On distingue encore ; 1° les plantes potagères qui servent à la cuisine : les choux, la salade, les ognons, les carottes, les choux-raves, les pois, les haricots, les lentilles ;

2° Les céréales dont on tire la farine pour faire du pain : le blé, le seigle, l'orge, l'avoine, le maïs ;

3° Les plantes textiles dont l'écorce sert à faire du fil et de la toile : le lin, le chanvre ;

4° Les plantes oléagineuses dont la graine sert à faire de l'huile : la navette, le colza, le pavot ;

5° Les plantes d'ornement : le laurier, le rosier, le lis, la tulipe, la violette, la reine-marguerite.

108. Ne jetez pas de pierres.

Etienne savait fort bien lire et écrire. C'était un enfant très-poli et un des élèves les plus studieux de l'école. Mais, par malheur, il avait contracté la dangereuse habitude de jeter des pierres. Il avait une petite sœur fort gentille, qu'il aimait tendrement. Cette sœur lui disait souvent : Mon cher frère, je t'en prie, ne jette plus de pierres, car il pourrait t'arriver un grand malheur.

Etienne, qui avait promis de se corriger, sortit un jour avec ses parents. Pendant ce temps, sa sœur s'amusait dans le jardin qui se trouvait derrière la maison, le long de la route. Etienne en rentrant, avait déjà oublié sa promesse ; il lança une pierre dans le jardin, et atteignit à l'œil sa pauvre sœur, qui en devint borgne.

109. Esope et le jeteur de pierres.

Un enfant avait jeté une pierre à Esope. « Tu es un brave garçon, lui dit le fabuliste, en lui donnant une pièce de monnaie. Je voudrais bien te récompenser plus généreusement ; mais je suis pauvre et je n'ai pas davantage. Cependant je vais t'indiquer un homme de qui tu recevras un salaire plus digne de toi. Vois là-bas ce citoyen riche et puissant ; jette-lui également une pierre, et il te donnera ce que tu mérites. Le jeune garçon suivit le conseil d'Esope ; mais l'homme qui avait reçu la pierre, le fit arrêter et mettre en prison, où il apprit à respecter les autres.

110. L'eau.

L'eau est liquide et transparente. Dieu l'a généralement répandue dans la nature, parce que partout on en a besoin. L'eau est la boisson la plus salutaire. Elle rafraîchit, désaltère, purifie. Elle sert à la préparation de beaucoup d'aliments. Sans l'eau, ni les hommes, ni les animaux, ni les plantes ne sauraient exister.

L'eau sert à transporter, dans les pays lointains, de grandes maisons de bois, appelées vaisseaux, remplies d'hommes et de marchandises. Elle met en mouvement la plupart des moulins et une foule d'usines.

En tombant en pluie, elle humecte la terre et la rend fertile. L'eau est donc un grand bienfait de Dieu.

III. L'eau du rocher.

Pendant la dernière année du séjour des Israélites dans le désert, le peuple se trouva à un endroit où il n'y avait point d'eau. Aussitôt les Israélites se soulevèrent contre Moïse et

Aaron, et leur firent de grands reproches, disant qu'ils les avaient fait sortir de l'Egypte pour les amener dans ce désert, où ils manquaient de tout, même d'eau.

Moïse et Aaron, tout consternés, se jetèrent la face contre terre, et prièrent le Seigneur de faire cesser les murmures du peuple en lui donnant de l'eau. Alors Dieu dit à Moïse : « Prenez votre baguette et rassemblez le peuple, « vous et Aaron, votre frère ; parlez au rocher « devant cette multitude, et il sortira du rocher « de l'eau, dont tout le peuple boira. » Moïse prit sa baguette, et, ayant assemblé le peuple devant le rocher, il lui dit : « Ecoutez, rebelles, pourrons-nous bien faire sortir de l'eau de ce rocher? » En même temps, il leva la main et frappa deux fois le rocher, il en sortit de l'eau avec abondance et tous purent boire.

112. Le petit poisson et le pêcheur.

Petit poisson deviendra grand,
Pourvu que Dieu lui prête vie ;
Mais le lâcher en attendant,
Je tiens, pour moi, que c'est folie ;
Car de le rattraper, il n'est pas trop certain.

Un Carpeau, qui n'était encore que fretin,
Fut pris par un pêcheur au bord d'une rivière.
Tout fait nombre, dit l'homme en voyant son butin,
Voilà commencement de chère et de festin :
    Mettons-le en gibecière.
Le pauvre Carpillon lui dit en sa manière :
Que ferez-vous de moi ? Je ne saurais fournir
    Au plus qu'une demi-bouchée,
    Laissez-moi carpe devenir
    Je serai par vous repêchée ;
Quelque gros partisan m'achètera bien cher ;
Au lieu qu'il vous en faut chercher
    Peut-être encore cent de ma taille
Pour faire un plat : quel plat ! croyez-moi, rien qui vaille !
Rien qui vaille ? eh bien ! soit, repartit le pêcheur :
Poisson, mon bel ami, qui faites le prêcheur,
Vous irez dans la poële, et vous avez beau dire,
    Dès ce soir on vous fera frire.

Un *tiens* vaut, ce dit-on, mieux que deux *tu l'auras*.
    L'un est sûr, l'autre ne l'est pas.

113. Les armes de saint Antoine.

Un jour, les disciples de saint Antoine lui demandèrent de quelles armes il faut se servir contre les attaques des démons. Le saint leur répondit : « Mes enfants, Satan redoute surtout « la prière, l'humilité, la pauvreté volontaire, « et l'amour de Jésus-Christ. Le seul signe de

« croix suffit pour le désarmer et le mettre en
« fuite. »

Prions et combattons en généreux soldats,
Et le secours du Ciel ne nous manquera pas!

114. La pluie.

Un marchand revenait un jour de la foire : il
était à cheval, et il avait derrière lui sa valise
remplie d'argent. Il pleuvait à verse, et le bon
homme, mouillé jusqu'aux os, ne pouvait retenir son impatience : il murmurait de ce que
Dieu lui donnait un si mauvais temps pour son
voyage.

Bientôt après, en traversant une épaisse forêt, il aperçut avec effroi, derrière un arbre, un
brigand qui le guettait, et qui le coucha en
joue avec son fusil. Le brigand voulut faire feu,
mais la poudre ayant été mouillée par la pluie,
le coup ne partit point, et le marchand, piquant
des deux, parvint à s'échapper heureusement.

Quand il se vit en sûreté, il dit en lui-même :
Que j'étais insensé de ne pas recevoir ce mauvais temps comme un bienfait particulier de la
divine Providence! si le temps eût été sec et

beau, je serais mort, je serais baigné dans mon sang à l'heure qu'il est, et ma famille éplorée attendrait en vain mon retour. La pluie qui me faisait murmurer, m'a sauvé à la fois la vie et la bourse.

Souvent ce qui nous semble un horrible malheur,
Est de la Providence une insigne faveur.

115. Les quatre saisons.

Il est quatre saisons qui composent l'année :
Le *printemps*, où des fleurs la prairie est ornée ;
L'*été* qui vient mûrir les épis dans les champs ;
L'*automne* avec ses fruits et ses vins excellents ;
L'*hiver*, dont les frimas attristent la nature,
Et que le malheureux péniblement endure.

116. Le printemps.

Le soleil monte de plus en plus au firmament ; ses rayons sont plus ardents et les jours deviennent plus longs. Il fait plus chaud, et la neige et la glace se fondent sous l'influence des tièdes zéphirs. C'est le printemps.

Déjà les arbres bourgeonnent et reverdissent, les violettes et les tulipes fleurissent. Les pa—

pillons voltigent dans les airs, et les abeilles, en bourdonnant, vont butiner le miel dans le calice des fleurs. Les fauvettes animent les bosquets. L'alouette et le rossignol chantent la saison des fleurs. Le merle siffle, le coucou crie, et la cigogne claquette au haut de l'église. Les nids se construisent sur les arbres, dans les haies et sous les toits. Le laboureur ensemence les champs, le vigneron taille sa vigne : partout renaissent la vie et le mouvement, sous la bénédiction de Dieu. Le printemps est une belle saison.

117. Le Hanneton.

Hanneton, qui sur tes ailes,
Nous amènes le printemps,
C'est toi qui sais des nouvelles
Du muguet et du beau temps.

Dis-nous si les prés
De fleurs sont parés ;
Dis-nous si les bois
Ont repris leurs voix.
Dis si les oiseaux
Ont des chants nouveaux ;
Si le rossignol
Dit : « Fa, ré, mi, sol! »

Viens, apporte dans la ville
Tes joyeux bourdonnements ;
Pauvre étourdi, sois tranquille,
Va, ne crains rien des enfants :

Ton jour de gaieté
Sera respecté,
On a tant plaisir
A te voir courir !
Vole en tournoyant,
Vole en bourdonnant,
Vole en rayonnant
Au soleil couchant,
Hanneton, qui sur tes ailes
Nous apportes le printemps.

118. Notre jardin.

Notre jardin est situé tout près de la maison. Il est long de cinquante mètres et large de trente. Deux belles allées le partagent en quatre parties égales et chaque partie est encore subdivisée en plusieurs carrés ou parterres. Le long des allées se trouvent les plates-bandes, garnies de fleurs et d'arbustes.

La terre du jardin est bêchée. On y sème des fleurs et des légumes. Les arbres sont nettoyés, émondés et taillés. Partout on voit les plantes pousser, croître et fleurir. Cependant le jardin réclame des soins assidus, et mon père y travaille presque chaque jour, pendant plusieurs heures. Il arrache les mauvaises herbes, il attache les jeunes arbustes à des tuteurs et il arrose les plantes lorsque la terre est sèche. Aussi notre jardin est-il très-beau. On y voit non-seulement des fruits ordinaires, tels que des cerises, des prunes, des pommes, des poires, des groseilles et des fraises ; mais encore des abricots, des pêches, des amandes, des figues et des raisins de toute espèce. Dans les plates-bandes brillent les tulipes, les jacinthes, les narcisses, les auricules, les œillets, les violettes, les giroflées, les marguerites, les balsamines, les asters, les dahlias, et surtout une grande quantité de roses. Ailleurs croissent le persil, le céleri, le cerfeuil, les ognons, la salade, les concombres, les fèves, les radis, les choux, les choux-fleurs, etc. Il se trouve aussi dans notre jardin une buvette bien touffue, où, lorsqu'il fait beau, nous prenons nos repas les jours de dimanche et de fête. Le moineau, la fauvette, le rossignol et le chardonneret se chargent de faire la musique de table. Comme alors nous nous trouvons tous contents et heureux

119. La désobéissance punie.

Un jour de printemps, Albert fut envoyé chez son oncle qui demeurait au village voisin, pour faire une commission très-pressante. Le père lui avait recommandé de ne point s'arrêter en chemin. Albert promit de bien courir. Il fallait traverser une forêt où il y avait quantité d'oiseaux et de fleurs. Albert fut d'abord enchanté du chant de ces oiseaux, et au lieu de hâter ses pas, il s'amusa à cueillir des fleurs. Ayant aperçu un nid d'oiseau dans les branches d'un chêne, la pensée lui vint d'aller voir s'il y avait des œufs ou des petits. Il grimpa donc sur l'arbre et s'avança sur la branche où se trouvait le nid ; mais cette branche trop faible cède sous le poids, et le malheureux Albert tombe par terre et se casse une jambe. Un homme charitable étant venu à passer, le ramena à ses parents qui furent aussi affligés que surpris de voir leur enfant en ce triste état. Il souffrit longtemps de grandes douleurs. Dieu lui donna le temps d'expier sa désobéissance et d'apprendre à suivre les avis de ses parents.

120. Le jeune oiseleur.

Pierre. — Ma mère, voyez donc le joli oiseau que je viens de prendre.

La mère. — Un oiseau! où donc l'as-tu pris?

Pierre. — Aujourd'hui, j'ai trouvé son nid dans la haie qui entoure notre jardin, j'ai attendu jusqu'au soir, alors je me suis approché du nid tout doucement, et, avant que l'oiseau s'en aperçût, je le tenais déjà par les ailes.

La mère. — Et qu'est-ce qu'il y avait encore dans le nid?

Pierre. — Dans le nid se trouvaient des petits. De jolis petits oiseaux qui n'avaient pas encore leurs plumes.

La mère. — Et que feras-tu maintenant de cet oiseau?

Pierre. — Je le mettrai en cage devant la fenêtre.

La mère. — Et les petits? qu'en sera-t-il? qui les nourrira? qui les élèvera?

Pierre. — Oh! je vais vite les chercher. C'est la mère qui les élèvera.

La mère. -- Un instant, mon cher enfant.
Si l'on nous enfermait, toi, ta sœur et moi
dans une chambre bien petite et bien étroite,
que ferais-tu ?

Pierre. -- Oh ! ma chère mère, je serais bien
malheureux ; je pleurerais toute la journée...,
je mourrais. Mais personne ne serait assez méchant pour faire cela.

La mère. -- C'est pourtant ce qu'on ferait de
nous, si l'on était aussi cruel que tu l'es à l'égard
de ces pauvres oiseaux. Et maintenant, voudras-
tu encore chercher les petits et les mettre en
cage ?

Pierre. -- Non, ma bonne mère. -- Pardonnez-moi d'avoir été si cruel à l'égard de ces
pauvres petits oiseaux. Je n'avais pas réfléchi
à ce que je faisais. Tenez, je laisse partir l'oiseau, pour qu'il s'envole auprès de ses petits.

La mère. -- Très-bien ! mon enfant. Rappelle-toi toujours que le bon Dieu a créé les
animaux pour qu'ils jouissent de la vie, et que ce
serait une lâche cruauté que de les tourmenter.

121. Le nid de fauvette.

Je le tiens ce nid de fauvette,
Ils sont deux, trois, quatre petits !
Depuis si longtemps je vous guette,
Pauvres oiseaux, vous voilà pris !

Criez, sifflez, petits rebelles.
Débattez-vous ; oh ! c'est en vain :
Vous n'avez pas encore d'ailes ;
Comment vous sauver de ma main ?

Mais quoi ! n'entends-je pas leur mère
Qui pousse des cris douloureux ?
Oui, je le vois ; oui, c'est leur père
Qui vient voltiger autour d'eux.

Ah ! pourrais-je causer leur peine,
Moi qui, l'été dans les vallons,
Venais m'endormir sous un chêne,
Au bruit de leurs douces chansons ?

Hélas ! si des bras de ma mère
Un méchant venait me ravir,
Je le sens bien, dans sa misère,
Elle n'aurait plus qu'à mourir.

Et je serais aussi barbare
Pour vous arracher vos enfants !
Non, non, que rien ne vous sépare ;
Non, les voici, je vous les rends.

Apprenez-leur, dans le bocage
A voltiger autour de vous ;

Qu'ils écoutent votre ramage
Pour former des sons aussi doux.

Et, moi, dans la saison prochaine,
Je reviendrai dans ces vallons,
Dormir quelquefois sous un chêne
Au bruit de leurs jeunes chansons.

122. L'écho.

Le petit Georges ne savait pas encore ce que c'est qu'un écho. Un jour se trouvant dans un pré, il se mit à crier : « Ho ! ho!... » et il entendit sortir aussitôt les mêmes mots du bosquet voisin : « Ho ! ho!... » L'enfant étonné, se mit à crier : « Qui es-tu ? » sur quoi la voix cria aussi : « Qui es-tu ?... » Piqué de ce qu'on lui renvoyait ses questions sans y répondre, Georges reprit : « Tu es un sot! »... « Tu es un sot! » répéta la voix du fond du bosquet. Pour le coup, Georges se mit en grande colère, et redoubla les injures qu'il envoyait vers la forêt. L'écho les lui rendit toutes avec fidélité. Là-dessus, il parcourut toute l'étendue du bocage pour chercher, en colère, le petit garçon qui, selon lui, s'amusait à le narguer ; mais il ne trouva personne.

Dépité de n'avoir pu se venger, Georges courut à la maison, et se plaignit à sa mère : « Un petit polisson, lui conta-t-il, s'est caché dans le bosquet pour m'injurier et me dire mille grossièretés. »– « Pour le coup, mon fils, tu t'es trahi, et tu t'accuses toi-même, répartit la mère. Sache que tu n'as rien entendu que tes propres paroles, souvent tu as vu ton visage réfléchi dans l'eau ; eh bien ! tu viens d'entendre ta propre voix, réfléchie de même dans la forêt. Si tu avais crié une parole honnête et obligeante, la forêt ne t'aurait rendu qu'une parole honnête et obligeante. »

C'est ainsi qu'il en arrive toujours. La conduite des autres à notre égard est ordinairement l'écho de la nôtre. Si nous nous comportons honnêtement envers eux, ils en useront de même avec nous ; mais si nous sommes durs et grossiers envers nos semblables, nous ne pourrons rien attendre de mieux de leur part.

> Le monde est un écho
> Qui ne flatte personne ;
> Il répond bas ou haut
> Sur le ton qu'on lui donne :
> Avec vous on procède
> Comme vous procédez ;
> Voulez-vous qu'on vous cède ?
> Cédez.

123. L'été.

Au printemps succède l'été. Les rayons du soleil tombent presque verticalement sur la terre. Il fait bien chaud et les jours sont longs. De magnifiques fleurs ornent nos parterres et embaument les airs. Les fraises, les groseilles et les cerises sont mûres ; les arbres sont chargés de fruits. On fauche les prés et l'on rentre les foins. De lourds épis jaunes annoncent l'approche des moissons. — De grand matin, les ouvriers se rendent aux champs, armés de faux et de faucilles. A midi commence le roulement des voitures. Toutes les créatures remercient le Seigneur des bénédictions qu'il a répandues par toute la terre.

Quelquefois, il s'élève en été de grands orages qui se déchargent ordinairement en pluies bienfaisantes. Il arrive aussi qu'ils amènent parfois de la grêle qui cause beaucoup de dommages aux fruits de la terre.

En général, les orages ont de grands avantages : ils purifient l'atmosphère et fertilisent la campagne.

124. L'orage.

La mère. — Ecoutez, enfants ! Le tonnerre gronde. Il y a un orage au-dessus de nous. Bon Dieu, quel éclair ! Enfants, faites le signe de la croix.

Le père. — Je vais vite fermer les volets du côté où se trouve l'orage. (*Il revient aussitôt.*) Mettons-nous maintenant à genoux, et prions Dieu de nous protéger.

Les enfants. — O bon Dieu ! quels éclairs ! Papa, entendez donc, comme il tonne !... comme il pleut !...

Le père. — Enfants, n'ayez pas peur, le bon Dieu veille sur nous.

(Pendant que le père parlait, il y eut un violent coup de tonnerre.)

La petite Marie. — O maman, je suis morte !

La mère. — Du tout, petite enfant, n'aie pas peur.

Le père — La foudre est tombée près d'ici. Dieu veuille qu'il n'y ait pas de malheur ! Les gens s'attroupent dans la rue. On crie : Au feu ! au feu ! Je vais porter du secours.

Enfants. — Ah ! papa ! restez avec nous, ne sortez pas, s'il vous plaît, par ce temps affreux !

La mère. — Enfants, calmez-vous, papa reviendra bientôt.....

Enfants. — Ah ! voici papa qui revient déjà.

Le père. — Dieu soit béni ! La foudre est tombée sur le vieux tilleul qui est fendu de haut en bas. Autrement il n'y a point de dommage.

La mère. — Oh ! tant mieux ! Oui, Dieu soit béni ! Ecoutez !... il pleut à verse !

Le père. — Il n'y a plus de danger. — Grâce à Dieu ! Cette pluie fera grand bien à la campagne et aux prairies, qui en avaient grand besoin.

Les enfants. — Grâce à Dieu ! nous n'avons plus peur maintenant.

Le père. — Le vent chasse les nuages. Voici le soleil qui reparaît. Les oiseaux chantent de nouveau. Toute la nature a repris une nouvelle vie.

125. Jésus bénit les enfants.

Un jour que Jésus-Christ instruisait le peuple, des pères et des mères percèrent, la foule et vinrent à lui en lui présentant leurs petits enfants, pour qu'il les bénît. Mais ses disciples les repoussaient ; ce que Jésus voyant, il leur dit : « Laissez ces petits enfants et ne « les empêchez point de venir à moi ; car c'est à eux « et à ceux qui leur ressemblent bien, qu'appartient « le royaume des cieux. » Ayant dit cela, il imposa les mains à ces petits enfants et les bénit avec bonté.

126. Evitez les transitions subites.

Emile, fils unique de parents très-riches, alla un jour d'été se baigner avec quelques-uns de ses camarades d'école. Ils se rendirent ensemble en un lieu isolé et éloigné. Emile très-vif, faisait l'empressé et courait en avant. Il arriva le premier à la rivière. Il se déshabilla promptement et, tout en sueur, il se jeta à l'eau. Frappé d'un coup d'apoplexie, il disparut bientôt sous l'eau. Ses camarades étant arrivés, quelques-uns appelèrent Emile, d'autres le cherchèrent dans la rivière, où ils ne tardèrent pas à le trouver. Mais le malheureux enfant était noyé, et il ne fut plus possible de le rappeler à la vie.

127. Les épis, image du mérite des hommes.

Un cultivateur alla un jour visiter ses champs pour voir si la récolte serait bientôt à sa maturité. Il était accompagné de son fils, le petit Tobie.

Regardez donc, papa, dit l'enfant sans expérience, comme quelques-unes des tiges de blé tiennent leur tête droite et fière : ce sont apparemment les meilleures et les plus distinguées, et ces autres qui se baissent presque jusqu'à terre autour d'elles, sont assurément bien inférieures.

Le père cueillit quelques épis, et dit : Regarde un peu, mon enfant ; vois-tu cet épi qui dressait si fièrement la tête ? il est tout à fait vide ; au contraire, cet autre, qui s'inclinait avec tant de modestie, est rempli des plus beaux grains.

> Le vaniteux, dans ses airs de hauteur
> Manque souvent et d'esprit et de cœur !

128. Multiplication des pains.

Une grande multitude de peuple suivait un jour Jésus-Christ dans le désert. Comme il se faisait tard, les disciples lui dirent : « Maître, renvoyez ces gens-là, afin qu'ils s'en aillent dans les villages et dans les lieux d'alentour, acheter de quoi manger. » Mais Jésus leur dit : « Combien avez-vous de pains ? » — Cinq, lui répondirent-ils, et deux poissons. » Alors Jésus

leur dit : « Faites asseoir la foule sur l'herbe verte. »
Puis il leva les yeux au ciel, il rompit les pains, les
bénit, ainsi que les poissons, et il ordonna aux disciples de les distribuer.

Tout le monde mangea et fut rassasié, et on rem-
porta douze corbeilles pleines des morceaux qui restèrent. — Or, le nombre de ceux qui mangèrent montait à cinq mille personnes, sans y comprendre les
femmes et les petits enfants.

129. Le papillon et l'enfant.

Papillon, joli papillon,
Venez vite sur cette rose,
Pour vous, avec ce frais bouton,
Je l'ai cueillie à peine éclose.
Ainsi chantait un jeune enfant,
Et le voilà qui se dispose
A saisir l'insecte brillant,
Dès que sur la fleur il se pose.
L'insecte était malin, il répond : « Serviteur !
J'ai vu le piége, enfant, je ne vois plus la fleur. »

130. L'automne.

Les jours diminuent, la chaleur baisse, les soirées
deviennent fraîches. Les cigognes, les hirondelles et
les fauvettes nous quittent et vont chercher des cli-
mats plus doux. Les raisins mûrissent. Les enfants
ont beaucoup de plaisir. Ils sont en vacance, et ils ac-
compagnent leurs parents au verger et dans les vignes.

Bientôt les fruits sont cueillis et les raisins vendangés.

Cependant les fleurs se fanent, et les feuilles des arbres jaunissent et tombent à terre. Souvent, le matin et le soir, il s'élève d'épais brouillards. Le temps devient de plus en plus rude et frais. L'hiver approche.

C'est Dieu, ne l'oublions jamais,
Qui chaque jour sur nous en abondance,
Verse à pleines mains ses bienfaits.
Payons ses dons par la reconnaissance.

131. Le renard et les raisins.

Un renard, quelque peu gascon, passait tout près d'un jardin. Il aperçut de beaux raisins à une treille. Il s'arrêta un instant, admira les raisins, dont il aurait fait volontiers son repas ; puis il continua son chemin, disant : « Je n'en veux pas, ils sont trop verts. »

Les raisins étaient bien mûrs, au contraire : mais la treille était trop élevée, et notre renard ne pouvait pas y grimper.

132. Le corbeau et le renard.

Maître Corbeau, sur un arbre perché,
Tenait en son bec un fromage.
Maître Renard par l'odeur alléché,
Lui tint à peu près ce langage :
Eh! bonjour, monsieur du Corbeau!
Que vous êtes joli! que vous me semblez beau!
Sans mentir, si votre ramage

Se rapporte à votre plumage,
   Vous êtes le phénix des hôtes de ces bois.
À ces mots le corbeau ne se sent pas de joie :
   Et pour montrer sa belle voix,
Il ouvre un large bec, laisse tomber sa proie.
Le renard s'en saisit et dit : Mon bon monsieur,
   Apprenez que tout flatteur
Vit aux dépens de celui qui l'écoute.
Cette leçon vaut bien un fromage, sans doute !
   Le corbeau, honteux et confus,
Jura, mais un peu tard, qu'on ne l'y prendrait plus.

133. La citrouille et le gland.

Un paysan se reposait, étendu sur l'herbe, à l'ombre d'un chêne séculaire, et s'amusait à considérer un plant de citrouilles, qui s'étendait en grimpant contre la haie d'un jardin voisin. A cette vue notre paysan se mit à secouer la tête, et dit en lui-même : « Hem ! hem ! je ne trouve pas bien que cette tige rampante et mince, porte de si gros fruits, tandis que ce grand et superbe chêne n'en porte que de si petits ! Si j'avais créé le monde, moi, c'est sur le chêne que j'aurais fait croître ces grosses et belles citrouilles, d'un beau jaune doré, et dont j'aurais voulu que la moindre pesât un quintal et plus ; alors tout eût été dans de justes proportions. »

A peine eût-il proféré ces paroles, qu'un gland vint à tomber de l'arbre, et le frappa si juste sur le nez que le sang en jaillit. — « Ouais ! » s'écria notre homme effrayé, « je viens de recevoir une bonne croquignole,

8

bien méritée par ma sottise : si ce gland eût été une ci-
trouille, il n'aurait pas manqué de m'écraser le nez. »

Du monde entier la sublime ordonnance
Montre du Créateur la sage prévoyance.

134. L'hiver.

Les jours sont courts et les nuits longues. Les rayons
du soleil ne nous arrivent que bien obliquement, aussi
fait-il froid. La bise amène de sombres nuages au-
dessus de nos têtes. La neige tourbillonne dans les
airs en tombant à gros flocons. Elle sert de couverture
aux végétaux pour les défendre contre la gelée. Les
hommes aussi se couvrent de vêtements plus chauds,
et toute la journée la flamme pétille au fourneau. Les
petits oiseaux qui n'ont pas émigré, viennent chercher
quelque nourriture près de l'habitation de l'homme.
Tout dans la nature est triste et monotone. Cependant
l'hiver a ses avantages et ses agréments. Alors que la
nature se repose sous son voile de neige, la religion
déploie la magnificence de ses cérémonies, dans la
célébration de belles et grandes fêtes. La neige et la
glace fournissent des amusements à la jeunesse, tandis que la vieillesse passe son temps autour du foyer.

135. Piété de saint François de Sales.

La plus aimable promenade que l'on put procurer
au jeune François de Sales, lorsqu'il commençait à

marcher, c'était de le conduire à l'église.—Alors il hâtait le pas, étendait ses petits bras comme pour arriver plus vite; et une fois dans le saint temple, jamais il ne paraissait ennuyé ou chagrin, quel que fût le temps qu'il y demeurât. Les mains jointes, tantôt il inclinait son corps comme pour adorer, tantôt il fixait les yeux sur l'autel ou sur le prêtre qui officiait. On eût dit alors qu'il comprenait déjà quelque chose à ce qu'il voyait, et tous ses petits gestes respiraient la piété.

136. Amour de Tobie pour la justice.

Après que Tobie fut devenu aveugle, il se trouva réduit à l'indigence, et sa femme, nommée Anne, était obligée d'aller tous les jours travailler chez un tisserand pour gagner sa vie. Or, il arriva qu'ayant reçu un jour un chevreau, elle l'apporta à la maison. Tobie l'ayant entendu crier, et ne pouvant croire que sa femme eût gagné un tel salaire, conçut quelque inquiétude. — « Prenez garde, dit-il à sa femme, que ce chevreau n'ait été dérobé; rendez-le à qui il appartient, parce qu'il ne nous est pas permis de manger ce qui a été dérobé, ni même d'y toucher. » Tant était grand l'amour de Tobie pour la justice! tant il craignait de faire le moindre tort au prochain!

137. L'enfant et les pommes.

Georges était venu un soir chez Emile, son camarade; mais il ne vit personne dans la chambre. Il y

avait près de la fenêtre un panier plein de pommes.
« Oh ! les belles pommes ! » dit-il. Et ses mains s'ou-
vraient déjà pour en prendre. « Mais non, dit-il aussitôt, je n'en ferai rien. Voler des pommes serait
un péché. Personne, il est vrai, ne se trouve ici ; mais
le bon Dieu me voit, et il me défend de toucher à ces
fruits... je n'y toucherai pas. » Là-dessus Georges voulut se retirer ; mais un vieillard, assis derrière le
fourneau, l'arrêta en disant : « Reste, mon enfant ! »
— Comme Georges fut effrayé ! — « N'aie pas peur,
bon petit, continua le vieillard, tu es un enfant sage ;
puisque tu as agi de la sorte, va ! prends autant de
pommes que tu voudras. Conserve toujours la sainte
crainte de Dieu et rappelle-toi ces belles maximes :

Du haut de sa sainte demeure,
Un Dieu toujours veillant nous regarde marcher ;
Il nous voit, nous entend, nous observe à toute heure ;
Et la plus sombre nuit ne saurait nous cacher.

138. Le petit voleur.

Le chasseur Maurice avait un étourneau qui amusait
tout le voisinage. Il savait répéter parfaitement quelques phrases que son maître lui avaient apprises. Lui
demandait-on : « Coco, où es-tu ? » L'oiseau répondait
aussitôt: « Coco est ici ! » Le petit Jacques, fils du
voisin, trouvait surtout son plaisir à faire jaser cet
étourneau.

Un jour, se trouvant seul dans la chambre du chas-
eur, l'envie le prit de s'emparer de l'oiseau, et l'ayant

mis dans sa poche, il allait sortir lorsque Maurice survint. Celui-ci, pensant faire plaisir au petit garçon, dit selon sa coutume : « Coco, où es-tu ? » Aussitôt l'étourneau, mal à son aise dans sa nouvelle cage, s'écria de toutes ses forces : « Coco est ici ! » Le chasseur irrité reprit son oiseau et chassa pour toujours le petit voleur de sa maison.

139. Les objets trouvés.

L'élève. — Monsieur, dit Hippolyte à son maître, que je suis content ! J'ai trouvé sur la place un étui et un canif.

Le Maître. — Tu as trouvé ces objets, mon ami, et tu t'en réjouis. Mais pendant que tu es joyeux de les avoir trouvés, songe qu'un autre est chagrin de les avoir perdus...

Regarde plutôt au fond de la cour, et vois Xavier qui pleure.

L'élève. — Qu'est-ce donc qui le chagrine ?

Le Maître. — C'est qu'il a précisément perdu, sur la place, un étui et un canif, et il sait que son papa et sa maman...

L'élève. — En ce cas-là, Monsieur, je vais immédiatement rendre à Xavier ce qui lui appartient ; et ses parents n'auront pas sujet de le gronder.

Le Maître. — Tu n'as, en effet, rien de mieux à faire, mon enfant... Rappelle-toi qu'on ne peut jamais regarder comme à soi quelque objet qu'on trouve, mais qu'il faut le rendre à qui il appartient.

140. La renoncule et l'œillet.

La renoncule, un jour, dans un bouquet,
Avec l'œillet se trouva réunie
Elle eut, le lendemain, le parfum de l'œillet :
On ne peut que gagner en bonne compagnie.

141. Maximes.

1. La vigilance et la prière nous rendent bons et sages. — 2. Le fils qui est sage est attentif aux conseils de son père ; mais le fils insensé se moque et n'écoute point, quand on le reprend. — 3. Respectez les cheveux blancs, cédez la place à la vieillesse et ayez pour elle les égards qui lui sont dus. — 4. Celui qui est fidèle dans les petites choses, l'est aussi dans les grandes. — 5. Peu parler et peu manger ne firent jamais de mal. — 6. Dites-moi qui vous fréquentez, je vous dirai qui vous êtes. — 7. Allez avec les bons et vous serez bons. — 8. Aimez Dieu par-dessus toute chose et cherchez à mériter le ciel plutôt qu'à vous procurer les jouissances de ce monde. — 9. Evitez le péché mortel avant tout, parce qu'il offense Dieu, fait perdre le ciel et précipite dans l'abîme éternel de l'enfer.

142. Ne mentez jamais.

Saint Jacques, évêque de Nisibe en Mésopotamie, allant un jour dans une ville voisine, rencontra sur son chemin quelques pauvres. Ceux-ci, en le voyant venir, imaginèrent une ruse pour le tromper. Ils convinrent qu'un d'eux ferait le mort et que les autres demanderaient au saint évêque de quoi l'ensevelir.

Ils firent comme ils l'avaient dit. Le saint leur accorda ce qu'ils lui demandaient, et fit sa prière sur le prétendu mort, pour le repos de son âme.

Les mendiants se réjouissaient entièrement du succès de leur ruse. Mais leur joie ne fut pas de longue durée; saint Jacques s'étant éloigné, ils reconnurent que leur compagnon était réellement mort ; ils comprirent alors que cette mort était le châtiment de leur mensonge, et rentrant en eux-mêmes, ils coururent après le saint, lui confessèrent leur faute et le conjurèrent d'avoir pitié d'eux. Saint Jacques, ne consultant que sa charité, revint sur ses pas et, par ses prières, rendit le mort à la vie.

> Il est dangereux de mentir,
> Même en riant et pour se divertir.

143. Ananie et Saphire.

Les premiers chrétiens n'avaient qu'un cœur et qu'une âme. Personne d'entre eux ne possédait rien en propre, mais tout ce qu'ils avaient était en commun. Les riches vendaient leurs biens et en apportaient le prix aux apôtres, qui le distribuaient à chacun selon ses besoins.

Or, il arriva un jour qu'Ananie ayant vendu une terre, résolut avec sa femme Saphire de retenir en secret une partie de l'argent qu'il en avait retiré, et de n'apporter que le reste aux pieds des saints apôtres. Saint Pierre, justement indigné de cette avarice et de cette dissimulation, regardant Ananie, lui dit: « Comment Satan a-t-il perverti votre cœur, jusqu'à vous faire mentir au Saint-Esprit et tenter de tromper sur le prix du champ? Si vous l'aviez voulu garder, n'était-il pas à vous? Pourquoi donc avez-vous formé ce dessein dans votre cœur? Vous n'avez pas menti aux hommes, mais à Dieu lui-même. »

A peine Ananie eut-il entendu ces paroles foudroyantes, qu'il tomba mort.

Trois heures après, Saphire, ne sachant pas ce qui s'était passé, entra. Saint Pierre lui dit : « Femme, dites-moi, n'avez-vous vendu le champ que ce prix-là ! » Elle lui dit: « Oui. » Saint Pierre lui fit alors le même reproche qu'à son mari et il ajouta : « Les mêmes hommes qui viennent de porter Ananie au tombeau, vous y porteront vous-même.» A l'instant Saphire tomba aux pieds du saint apôtre et expira, et ces hommes, arrivant en ce moment, l'emportèrent et l'ensevelirent avec son mari.

144. Dieu le saura !

Dieu le saura !
Deux enfants près d'un presbytère
Trouvent un pauvre qui dormait.
Le ciel peut-être en songe, lui donnait
Ce que lui refusait la terre...
Le garçon se précipitant,
Veut l'éveiller pour offrir son aumône,

Quand sa jeune sœur l'arrêtant :
— On ne réveille pas un pauvre à qui l'on donne,
Dit-elle. — Du bienfait qui donc l'avertira ?
— Personne, mais Dieu le saura !

145. Fruit de la désobéissance.

Le petit Hubert avait la mauvaise habitude de courir
après les voitures et de s'y accrocher. Le maître avait
cependant recommandé en classe, à tous ses élèves,
de ne pas faire cela. Les parents d'Hubert eux-mêmes
l'en avaient souvent repris, mais en vain.

Un jour que la diligence passait, ce petit désobéis-
sant sauta sur le marche-pied. Le postillon qui s'en
aperçut, lui appliqua aussitôt un coup de fouet, qui
le frappa aux yeux. Hubert poussa un cri déchirant
en tombant à terre. On accourut et, en le relevant,
on vit qu'il avait les yeux tout ensanglantés. Ses parents, en le voyant dans ce triste état, lui dirent :
*Voilà donc, malheureux enfant, le fruit de ta déso-
béissance,* et ils lui donnèrent pourtant les soins que
réclamait son mal. Hubert promit tout de bon de
bien obéir à l'avenir. Il eût bien fait de prendre cette
résolution plus tôt, car cet accident lui coûta un
œil.

146. Le blasphème est le langage de l'enfer.

Un pieux missionnaire, passant par un village, entendit des enfants blasphémer le saint nom de Dieu.

Voulant leur faire comprendre combien ils se rendaient coupables et combien ils méritaient d'être punis de Dieu, il leur parla en ces termes : « Dans cette paroisse, mes enfants, on parle français, et si vous y rencontriez un homme qui parlât allemand, vous diriez que l'Allemagne est sa patrie ; s'il parlait espagnol, vous diriez qu'il vient d'Espagne ; s'il parlait anglais, vous diriez qu'il vient d'Angleterre, et vous le regarderiez comme un étranger qui, tôt ou tard, doit retourner dans sa patrie. Eh bien ! enfants blasphémateurs, me comprenez-vous ? Vous êtes dans un pays chrétien et catholique, et vous n'en parlez pas la langue ; je comprends, au contraire, par vos jurements et vos blasphèmes, que vous parlez la langue de l'enfer. Je dirai donc que vous êtes des étrangers, que l'enfer est votre patrie, et qu'un jour vous irez rejoindre ceux qui parlent comme vous ! »

Que durent penser ces enfants en entendant ces paroles ?

.... Dieu veut être aimé,
Il venge tôt ou tard son saint Nom blasphémé.

147. Le boudeur.

Edouard avait le défaut de faire la mine, dès qu'il se croyait tant soit peu offensé par quelqu'un. Il boudait quelquefois plusieurs jours de suite, ne parlant à personne et ne répondant pas aux questions qui lui étaient faites. Son père, homme sage, était désolé de ce vilain défaut de son fils. Il avait inutilement employé pour le corriger, les exhortations et les châtiments, lorsqu'il s'avisa de recommander à tous les gens de sa maison de bouder aussi son fils toutes les fois que celui-ci bouderait lui-même. Cet expédient confondit Edouard, et il se corrigea de son défaut. L'enfant boudeur se rend ridicule et insupportable dans sa famille.

148. Aux petits rapporteurs.

C'est un bien grand défaut que d'aller rapporter :
Ne vous permettez pas cette lâche vengeance.
Si l'on vous fait du mal, sachez le supporter,
Qu'un oubli généreux suive à l'instant l'offense !

149. L'enfant mal élevé.

Emile avait des parents honnêtes et fortunés. Comme il était fils unique, on allait au-devant de ses moindres désirs. En bon fils, il eut dû se montrer reconnaissant de tant de bonté ; il eut dû s'efforcer de payer de retour ses parents par beaucoup de respect et de soumission et par une grande fidélité à tous ses devoirs.

Mais il en fut tout autrement : Emile était toujours mécontent, sans cesse il murmurait et se plaignait. Si on lui donnait un habit, il était ou trop large, ou trop long, ou trop étroit. Les mets des repas n'étaient jamais de son goût. Quand le temps était beau, la chaleur l'incommodait ; quand il était mauvais, il se récriait contre la pluie. Les heures de classe étaient trop longues, les devoirs trop difficiles, en un mot, rien n'était à sa guise : c'est-à-dire qu'Émile était malheureux et rendait malheureux tous ceux qui l'entouraient. Il eût dû savoir que la vie est une épreuve,

Et que pour être heureux,
Il faut être vertueux.

150. Le solitaire et ses disciples.

Un ancien solitaire fut interrogé un jour par ses disciples sur la manière de corriger les défauts et de combattre les passions. Le sage vieillard, conduisit ses disciples dans un lieu planté de cyprès ; il commanda à l'un d'entre eux d'arracher un petit cyprès qu'il lui montra. Le disciple l'arracha sans beaucoup de peines et d'une seule main. Le solitaire lui en désigna ensuite un autre un peu plus grand, qu'il arracha aussi, mais avec un peu plus d'efforts et en y mettant les deux mains. Arrachez maintenant celui-ci, dit le vieillard, en montrant un troisième cyprès qui était plus fort encore. Cette fois, il fallut au jeune disciple le secours d'un de ses compagnons ; mais ils en vinrent à bout. Enfin le solitaire désigna un quatrième arbre beaucoup plus gros ; mais tous les disciples réunis ne suffirent pas à l'arracher. « Voilà, mes enfants, dit alors le vieillard, voilà l'image de nos passions. Au commencement, quand elles n'ont pas encore pris racine, il est facile de les extirper, pour peu qu'on soit attentif à les combattre ; mais lorsqu'on leur a laissé prendre de profondes racines dans le cœur, il est très-difficile de s'en rendre le maître. Travaillez donc de bonne heure, mes enfants, à combattre et à vaincre vos mauvais penchants; par là, vous vous procurerez ici-bas des jours sereins et une éternité glorieuse au beau séjour des cieux. »

— Sapez, dit un ancien, sapez le mal naissant:
Un remède tardif est souvent impuissant.

151. Le céleste édifice.

De notre céleste édifice
La *Foi* vive est le fondement;
La sainte *Espérance* l'élève ;
L'ardente *Charité* l'achève
Et l'assure éternellement.

152. Les deux frères compatissants.

Pierre et Jean rentrèrent un soir de l'école. Ils saluèrent leur mère et lui demandèrent poliment à goûter. La mère donna à chacun un morceau de pain et une pomme, et elle leur permit d'aller s'amuser devant la maison. Tout-à-coup, il vint un petit garçon mal vêtu, qui conduisait par la main un vieillard aveugle. Pierre eut pitié de ces malheureux, et dit à Jean : « Si tu veux, mon frère, pour l'amour du bon Dieu, nous donnerons notre goûter à ces deux pauvres. » Oh ! je le veux bien, » reprit Jean aussitôt. Alors Pierre donna son goûter au vieillard; et Jean donna le sien au petit garçon. — Cette bonne action fit cinq heureux. — Lesquels ?

153. L'aumône.

Dans nos livres sacrés, dans nos saintes prières,
De la main du bon Dieu nous le voyons écrit :
    Que tous les pauvres sont nos frères ;
Et qu'ils sont, comme nous, enfants de Jésus-Christ.
Enfants, donnez au pauvre, au pauvre qui vous prie ;
L'aumône est un parfum répandu sur la vie ;
    Donnez, donnez au nom du ciel,
    Vous en aurez la récompense.
Donnez, enfants, donnez ; l'aumône de l'enfance
Devient un souvenir aussi doux que le miel.

154. Lazare et le mauvais riche.

Il y avait un homme riche qui était vêtu de pourpre et de fin lin, et qui se traitait splendidement tous les jours. Il y avait aussi un pauvre nommé Lazare, étendu à sa porte, tout couvert d'ulcères. Il désirait de se nourrir des miettes qui tombaient de la table du riche, et personne ne lui en donnait. Mais les chiens, moins inhumains que leur maître, venaient lécher ses plaies. Ce pauvre vint à mourir, et les anges le portèrent dans le sein d'Abraham. Le riche mourut aussi, et l'enfer fut son tombeau. Au milieu des tourments, élevant les yeux, il vit de loin Abraham avec Lazare dans son sein, et il s'écria : « Père Abraham, ayez pitié de moi, et envoyez Lazare, afin qu'il trempe dans l'eau le bout du doigt pour me rafraîchir la langue ; car je suis cruellement tourmenté dans ce feu. »

« Mon fils, lui dit Abraham, souvenez-vous que vous avez reçu des biens pendant votre vie, et que Lazare, au contraire, n'a eu que du mal ; maintenant il est dans la joie, et vous, vous souffrez. Outre cela, il y a un grand abîme entre nous et vous, en sorte que ceux qui voudraient aller d'ici à vous, ou venir de là ici, ne le peuvent. » — « Père Abraham, répondit le riche, je vous prie donc d'envoyer Lazare dans notre maison, afin qu'il avertisse mes frères, (car j'en ai cinq) de peur qu'ils ne viennent aussi eux-mêmes dans ce lieu de tourments. » — « Ils ont Moïse et les prophètes, lui dit Abraham, qu'ils les écoutent. » — « Non, père Abraham, répondit-il ; mais si quelqu'un des morts retourne à eux, ils feront pénitence. » Mais Abraham lui repartit : « S'ils n'écoutent point Moïse et les prophètes, ils ne croiront pas non plus, quand même quelqu'un des morts ressusciterait. »

155. Charité chrétienne.

Saint Jean l'Aumônier, patriarche d'Alexandrie, aimait tellement les pauvres que pour pouvoir mieux les secourir, il vivait lui-même dans une extrême pauvreté. Il n'avait pour lit qu'une mauvaise couchette avec une couverture toute déchirée. Un des principaux de la ville lui en donna une, qui avait coûté trente-six pièces d'argent, et le conjura de s'en servir pour l'amour de lui. Il s'en servit en effet ; mais le souvenir de toutes les misères qu'il aurait pu soulager avec cette somme, le tourmenta toute une nuit, sans qu'il eût un instant de repos. Dès le matin, il envoya vendre la couverture pour en donner le prix aux pauvres. Celui qui lui en avait fait présent, la racheta et la lui fit reporter. Le charitable pasteur la vendit une seconde et une troisième fois et dit enfin au riche bienfaiteur qui l'avait toujours rachetée et fait rapporter: Nous verrons qui de nous deux se lassera le premier. — Quel beau défi !

156. Anecdote tirée des Annales de la Sainte-Enfance.

Un petit garçon de trois ans seulement, ayant entendu parler du malheur des pauvres petits Chinois, désirait vivement, lui aussi, donner son sou pour les secourir. Il demanda donc un sou à sa mère, mais il ne put l'obtenir. Que va-t-il faire ? Le bon Dieu lui viendra en aide. — « Mon petit ami, lui dit un jour un monsieur, qui se trouvait chez ses parents, veux-tu me chanter quelque chose de ce qu'on chante à l'asile. » — « *Ze* veux bien, » répondit l'enfant qui, sans doute, avait déjà un doux espoir au cœur. — Il chanta donc un des plus jolis airs de l'asile. — « C'est très-bien, mon petit ami, dit le monsieur, quand il eut fini ; tiens, voilà un sou pour acheter du bonbon. » — L'enfant prend le sou, bien joyeux, mais il dit aussitôt : — « Non, non, ce sera pour les pauvres petits *Cinois* que *mansent* les *cossons* (1). » — Il met donc le sou dans sa poche et le lendemain matin, il court le donner à la Sœur de

---

(1) Faire relever les fautes de prononciation.

l'asile, en lui disant : — « Tenez, *cère* Sœur, voilà un sou pour les petits *Cinois*, *ze* vous en donnerai *touzours, zusqu'à* ce que *z'aie* tout payé. »

157. L'enfant et le petit écu.

Possesseur d'un petit écu,
Un enfant se croyait le plus riche du monde.
Le voilà qui fait voir ce trésor à la ronde,
En criant gaîment : J'ai bien lu !
A merveille, lui dit un sage ;
C'est le prix du savoir que vous avez reçu,
Du savoir tel qu'on peut le montrer à votre âge ;
Mais voulez-vous encore être heureux davantage !
Aspirez, mon enfant, au prix de la vertu ;
Vous l'aurez, quand des biens vous saurez faire usage.
L'enfant entendit ce langage,
L'écu, d'après son cœur et sensible et bien né,
A rapporter le double est soudain destiné :
Avec le pauvre il le partage.

158. Le singe.

Un singe entra par une fenêtre dans la chambre d'un riche avare qui ne donnait jamais un centime aux pauvres. Par hasard, il trouva la caisse, toute remplie de pièces d'or et d'argent qu'il se mit aussitôt à jeter par la fenêtre. La foule, dans la rue, se disputa les pièces à coups de poings. La caisse était vide quand arriva l'avare, on peut se figurer sa colère. Il aurait tué le pauvre animal, si, plus leste que lui, le singe n'eût bien vite décampé. — Accouru aux cris de

9

l'avare, un sage voisin lui dit : « C'est une folie, il est vrai ; mais en est-ce une moins grande, que de tenir renfermé votre argent dans une caisse, sans en faire aucun usage ? »

L'or que l'on enfouit est un trésor perdu,
Du travail faites-en la juste récompense ;
Répandez-le, à propos, au sein de l'indigence,
Dans le ciel, au centuple, il vous sera rendu.

159. Le souvenir d'une mère.

Oh ! souviens-toi de cette main si chère,
Qui t'a comblé de soins et de bienfaits !
Le jour, la nuit, ta vigilante mère
De ton berceau ne s'écartait jamais ;
Les yeux fixés sur ta faible paupière ;
Quand tu goûtais un paisible sommeil,
Auprès de toi veillait ta bonne mère
Pour te sourire au moment du réveil.

Ta bouche encor ne savait pas le dire,
Mais tu savais, hélas ! déjà souffrir ;
Dans tes soupirs une mère sut lire,
Et tu la vis aussitôt accourir :
Lorsque tes maux alarmaient sa tendresse
Elle sentait plus que toi la douleur,
Combien de fois une douce caresse,
Et ses baisers ont-ils séché tes pleurs ?

O doux souvenir de ma mère !
Dans mon cœur tu vivras toujours,
Le soleil perdra sa lumière,
Les fleuves suspendront leur cours,

Mais moi, toujours, toujours, toujours,
Toujours, j'aimerai ma mère,
Toujours !

160. Piété filiale.

Un curé des environs de Rennes avait fait venir
chez lui trois enfants d'un de ses paroissiens, réduit à
la plus affreuse misère. Il voulait faire prendre mesure d'habits à ces pauvres petits. Les enfants
étaient transis de froid. Le bon curé leur dit de s'approcher du foyer, et leur fait apporter du pain et un
peu de viande. Les deux aînés mangent leur portion
sans façon et de bon appétit. Pour le troisième, il re-
gardait la sienne d'un air satisfait, mais n'y touchait
pas. « Quoi ! mon enfant, lui dit le curé, tu ne manges
pas. » — « Non, monsieur le curé, répondit-il, je
garde mon pain et ma viande pour ma mère qui est
malade. » — « Mange toujours, mon petit ami, j'en-
verrai à ta maman ce qu'il lui faut. » — « Non, je ne
mangerai pas, je veux lui porter ce que j'ai ici, car maman
est malade. » A ces mots, les yeux de l'enfant se rem-
plirent de larmes. — « Ta mère, mon petit ami, ne
manquera de rien, reprit le curé, crois-moi, mange,
tu dois avoir faim. » — « Oui, j'ai faim, mais maman
est malade. » — « Eh bien ! voilà du pain et de la
viande que tu lui porteras toi-même ; mais je veux
que tu manges ce que je t'ai donné. » — « Dans ce cas-
là, monsieur le curé, je mangerai bien mon pain sec ;
ma viande je veux la garder pour maman. » En effet
le pauvre petit commença à manger son pain sec. On

ne put obtenir de lui qu'il portât à sa bouche la viande qu'on lui avait donnée ; il fallut la mettre avec celle qui était destinée à sa mère, et lui donner une troisième part pour lui-même, autrement cet aimable enfant se fût obstiné à consommer l'acte d'abstinence qu'il croyait devoir faire pour sa pauvre mère malade.

Veille, ô Seigneur, sur mon père et ma mère ;
Tu sais combien leur tendresse m'est chère.
Je leur dois tant ! daigne t'en souvenir,
Pour les bénir.

161. Absalon.

Absalon, oubliant le respect qu'il devait à son père David, se révolta et prit les armes contre lui. David envoya aussitôt ses troupes pour soumettre les rebelles, en recommandant néanmoins d'épargner son fils. Les deux armées se rencontrèrent dans la forêt d'Ephraïm. Celle d'Absalon, quoique plus nombreuse, fut entièrement défaite, et le jeune prince obligé de se sauver. Mais dans sa fuite, la mule qu'il montait étant venue à passer sous un chêne touffu, la longue chevelure du rebelle s'embarrassa dans les branches de l'arbre, et il y resta suspendu. Joab, qui commandait les troupes de David, étant survenu, perça de trois dards le cœur de ce malheureux fils ingrat.

162. Amour fraternel.

Le jeune Albert, âgé de neuf ans, aimait beaucoup son frère, qui n'en avait que six. Un soir, ils jouaient ensemble devant la maison de leurs parents. On était au commencement de l'hiver, et dans les montagnes il fait bien froid. « Allez, mes chers enfants, leur dit la mère, allez vous amuser et vous réchauffer ; vous pouvez courir jusqu'à l'entrée du bois, mais revenez bientôt. » — Ils courent tout joyeux, les pauvres petits ! Leur ardeur les emporte ; ils pénètrent dans le bois ; ils avancent loin, bien loin. Ils veulent retourner sur leurs pas ; mais ils ne connaissent pas assez les sentiers qui se croisent en tous sens. La nuit approche. Ils courent de tous côtés, ils s'égarent de plus en plus, ils s'arrêtent épuisés, ils appellent, et l'écho seul des bois répond à leurs cris. Par surcroît de malheur, il commençait à neiger. Où fuir ? où chercher un abri contre la rigueur du froid et la fureur des loups ? Tous deux se mirent à pleurer, levant au ciel leurs mains engourdies. Mais Albert, reprenant courage, essuie ses yeux et dit à son petit frère. — « Invoquons le bon Dieu, il ne nous abandonnera pas. Entrons dans cette grotte, nous y serons à l'abri du vent et de la neige. Puis, quand il fera jour, nous chercherons de nouveau notre chemin. » — En même temps, il se met à ramasser un tas de mousse et de feuilles sèches dont il forme comme un lit où il fait reposer son frère. Le pauvre petit grelottait à faire pitié, et répétait en gémissant : « J'ai froid ! » Albert n'y tenait plus. Aus-

sitôt, il ôte sa veste et en recouvre son frère bien-
aimé. Puis il se coucha auprès de lui pour le réchauffer encore davantage. Hélas, impuissante précau-
tion de l'amour fraternel! Le froid les saisissait de plus
en plus tous les deux, et ils ne pouvaient échapper à une
mort inévitable. Heureusement, leurs parents désolés
s'étaient mis à leur recherche de toutes parts. Avec des
sonnettes et des torches, ils avaient parcouru le bois
en tous sens et enfin ils découvrirent la grotte où les
deux enfants étaient blottis. Le père les gronda d'abord
un peu; puis il laissa éclater sa joie de les avoir re-
trouvés, il les tint longtemps embrassés tous les deux,
et l'aîné deux fois plus que le cadet; il s'était si bien
conduit envers son petit frère!

163. Les meilleurs amis.

Combien on doit aimer ses frères et ses sœurs!
Comme ces liens sont doux! Ensemble, dès l'enfance,
Unis par les devoirs, unis par la naissance,
Où trouver des amis et plus sûrs et meilleurs?

164. Les huit béatitudes.

Jésus-Christ, voyant un jour la foule qui le suivait,
monta sur une montagne. Dès qu'il se fut assis, ses
disciples se placèrent auprès de lui. Prenant ensuite
la parole, il les instruisit en disant: « Bienheureux les
pauvres d'esprit, parce que le royaume des Cieux est
à eux. Bienheureux ceux qui sont doux, parce qu'ils pos-
séderont la terre. Bienheureux ceux qui pleurent, parce

qu'ils seront consolés. Bienheureux ceux qui ont faim et soif de la justice, parce qu'ils seront rassasiés. Bienheureux ceux qui sont miséricordieux, parce qu'ils obtiendront miséricorde. Bienheureux ceux qui ont le cœur pur, parce qu'ils verront Dieu. Bienheureux ceux qui sont pacifiques, parce qu'ils seront appelés enfants de Dieu. Bienheureux ceux qui souffrent persécution pour la justice, parce que le royaume des cieux leur appartient. — Réjouissez-vous et faites éclater votre joie, parce qu'une grande récompense vous est préparée dans le ciel.

165. Le baptême.

Au baptême de Jésus-Christ sur les bords du Jourdain, saint Jean-Baptiste vit le ciel ouvert et le Saint-Esprit en descendre sous forme de colombe sur le Sauveur. Il entendit la voix du Père céleste disant : *« Celui-ci est mon Fils bien-aimé, en qui j'ai mis toutes mes complaisances. »*

Au baptême d'un enfant, ces merveilles et d'autres encore s'opèrent. En effet, l'âme du baptisé est purifiée de la tache du péché, le démon est chassé de son cœur, et le Saint-Esprit en vient prendre possession, pour en faire son temple vivant. Dieu le Père l'adopte pour son enfant et le constitue son héritier. Jésus-Christ le prend pour son frère, et en fait un des membres vivants de son Eglise, qui devient sa mère, l'entoure de ses soins et l'enrichit de ses trésors. Heureux enfant ! et pour comble de bonheur, le ciel lui est ouvert ; il sera son héritage, sa patrie, sa récompensé, le lieu de son repos et son partage pour l'éternité.

166. Beauté de l'innocence.

C'est l'azur d'un ciel sans nuage ;
C'est la colombe au blanc plumage,
Le rayon d'un céleste feu.
Oui, tout s'efface devant elle ;
Une âme d'innocence belle
Reflète l'image de Dieu.

167. Le jeune Origène.

Origène était fils de saint Léonide qui souffrit pour la foi dans la persécution d'Alexandrie, sous l'empereur Sévère. Le saint martyr avait élevé son fils avec le plus grand soin ; non content de l'exercer dans les connaissances humaines, il lui enseignait surtout les saintes Écritures, dont il lui faisait apprendre tous les jours quelques sentences.

Le jeune Origène s'appliquait à cette étude avec une ardeur incroyable. Mais son père admirait encore plus que ses talents naturels, les bénédictions dont le Seigneur le prévenait. Quoique bien jeune, Origène conçut un désir si vif de souffrir le martyre, qu'il se serait présenté de lui-même au tyran, si sa mère ne l'eût retenu par ses larmes et par ses prières. Et lorsque son père eut été arrêté pour la foi, son empressement devint si ardent que, pour l'empêcher d'aller le rejoindre, il fallait lui cacher ses habits.

Tel était l'amour que ce pieux jeune homme avait pour Dieu. Il devint, dans la suite, un génie extraordinaire et un défenseur ardent de l'Eglise catholique.

Heureux, heureux mille fois
L'enfant que le Seigneur rend docile à ses lois !

168. Fuite du péché.

La reine Blanche de Castille a donné le jour à saint Louis, roi de France, et en mère vraiment chrétienne, elle voulut se charger elle-même de l'éducation de son fils.

« Mon fils, lui répétait-elle souvent, vous savez combien je vous aime ; cependant je préférerais vous voir mort à mes pieds que coupable d'un péché mortel. » Saint Louis se souvint toujours de cette sage leçon et y conforma sa vie.

169. Bonté de Dieu.

Que le Seigneur est bon, que son joug est aimable !
Heureux qui dès l'enfance en connaît la douceur !
Jeune peuple, courez à ce maître adorable :
Les biens les plus charmants n'ont rien de comparable
Aux torrents de plaisir qu'il répand dans un cœur.

170. Le prêtre.

Le prêtre est un homme consacré à Dieu d'une manière particulière par le saint sacrement de l'Ordre. Les fonctions sublimes qu'il exerce l'élèvent, en dignité, au-dessus même des anges.

Tous les jours à l'autel, le prêtre prie pour ses ouailles, pendant le saint sacrifice de la Messe, et les dimanches et les fêtes, il leur enseigne la doctrine chrétienne, les vérités du salut.

Le prêtre confère les sacrements que Jésus-Christ a institués pour notre sanctification. Au nom de la très-sainte Trinité Père, Fils et Saint-Esprit, il baptise les nouveaux-nés, il réconcilie les pécheurs avec Dieu, il nourrit les fidèles du Corps et du Sang de N.-S. J.-C.

Le prêtre édifie tout le peuple par ses vertus ; il console les affligés, soulage les malheureux, instruit les petits et les ignorants et visite les malades. Il est au chevet des mourants, leur donne les secours de la Religion, les dispose à une mort chrétienne et leur ouvre les portes du Ciel.

En un mot, comme saint Paul, le prêtre se fait tout à tous, pour les gagner tous à Jésus-Christ. — Quel amour et quelle reconnaissance ne lui devons-nous pas pour tant de bienfaits ! Quel profond respect, pour la haute dignité dont il est revêtu ! Aussi saint François d'Assise disait que s'il rencontrait un prêtre et un ange, c'est le prêtre qu'il honorerait d'abord et le plus.

171. La jeune villageoise.

Dans un village près de Florence, il y avait une fille née de parents pauvres, appelée Dominique ; dès son enfance, elle honora la Sainte-Vierge. Elle jeûnait à cette intention tous les jours de la semaine et, le samedi, elle distribuait aux pauvres les aliments dont elle s'était privée ; elle mettait les fleurs de son jardin devant une image de Marie. Aussi cette tendre Mère, dès sa plus tendre jeunesse, la combla de ses faveurs. — A l'âge de dix ans, étant un jour à la fenêtre, elle vit dans la rue une femme d'un bel extérieur, qui tenait par la main un enfant dont les pieds et la poitrine étaient blessés. Qui a blessé cet enfant, dit Dominique? C'est sa charité pour les hommes, répondit la mère. Dominique, charmée de la beauté de cet enfant, lui demanda si ses blessures lui faisaient mal? Il ne répondit rien, mais la mère lui dit : Dites-moi, ma fille, qu'est-ce qui vous porte à couronner ces images de fleurs? C'est, répondit-elle, l'amour que j'ai pour Jésus et pour Marie. A l'instant, la Sainte-Vierge lui apparut sous la forme d'une grande reine environnée de lumière, et l'enfant brillait comme un soleil. Il prit ces mêmes fleurs et les répandit sur la tête de Dominique, qui, reconnaissant en ces augustes personnages, Jésus et Marie, s'était prosternée en leur présence. Alors finit la vision. — Dominique prit ensuite l'habit religieux, et mourut en odeur de sainteté.

172. Saint Wit.

Saint Wit était un enfant pieux, qui aimait Dieu de tout son cœur. Un jour, l'empereur, qui était païen, se le fit amener et lui dit « Mon enfant, je te donnerai de l'or, des perles, de beaux habits et tout ce que tu désires, si tu abandonnes ta foi et blasphèmes Jésus-Christ. » Mais le jeune saint répondit : « Jésus-Christ, mon Dieu et mon Sauveur, est mort pour moi sur la croix, jamais je ne le blasphèmerai. Je l'adore et je l'aime de tout mon cœur. » L'empereur reprit : « Si tu n'obéis pas à mes paroles, je te ferai jeter dans une chaudière d'huile bouillante. Choisis entre le plaisir et le supplice, entre la vie et la mort. »

L'enfant répliqua avec une noble fierté : « Je souffrirai avec plaisir tous les supplices et la mort même pour Jésus-Christ. » Le tyran irrité de cette réponse, fit préparer aussitôt une chaudière d'huile bouillante, et ordonna d'y jeter le courageux enfant. Les bourreaux exécutèrent cet ordre barbare ; mais notre jeune martyr, joignant ses petites mains et élevant ses yeux vers le ciel, fit à haute voix cette belle prière : « O mon Seigneur Jésus, je remets mon âme entre vos mains ! » Et les Anges du bon Dieu descendirent du ciel, mirent sur sa tête une couronne et dans sa main une palme, et, ensemble, ils montèrent jusque devant le trône de Dieu. Le Seigneur Jésus, jetant sur l'enfant un regard plein d'amour, lui sourit et lui dit : « Sois béni, mon enfant, tu as souffert de grands tourments à cause de moi, goûte maintenant les délices de mon paradis. »

Que Jésus est un bon Maître,
Qu'il a de quoi nous charmer !
Heureux qui put le connaître,
Plus heureux qui sait l'aimer !

173. La pêche miraculeuse.

Jésus-Christ se trouva un jour sur la mer de Ti-
bériade avec Pierre, Jacques et Jean, qui étaient pêcheurs. Il leur dit: « Jetez votre filet. » Mais Pierre lui
répondit : « Seigneur, nous avons travaillé toute la nuit
et nous n'avons rien pris ; mais puisque vous le dites,
en votre Nom je jetterai le filet. » Il le fit, et ils prirent
une si grande quantité de poissons que la barque en
était toute remplie. Pierre, voyant ce miracle, se jeta
aux pieds de Jésus-Christ et lui dit: « Seigneur, re-
tirez-vous de moi ; car je suis un pécheur. » Mais Jésus-
Christ lui répondit: « Ne craignez rien, Pierre, vous
allez devenir des pêcheurs d'hommes. » Dès ce moment Pierre, Jacques et Jean, quittèrent tout, ils s'at-
tachèrent au divin Maître et ils devinrent, en effet, des
pêcheurs d'hommes.

Enfants, voulez-vous connaître le moyen de ne pas
étudier ou travailler en vain, et de réussir dans ce
que vous faites ? C'est d'agir au Nom de notre Seigneur
Jésus-Christ.

Que ce que l'enfant sage écrit,
Ce qu'il fait ou ce qu'il lit,
Soit au Nom de Jésus-Christ !

PRIÈRES

Au nom du Père et du Fils et du Saint-Esprit. Ainsi soit-il.

Venez, Esprit-Saint.

Venez, Esprit-Saint — (1), remplissez les cœurs de vos fidèles serviteurs, — et allumez en eux le feu de votre divin amour.

Envoyez votre Esprit, et ils seront créés de nouveau,

Et vous renouvellerez la face de la terre.

O Dieu, qui avez instruit les cœurs des fidèles — par la lumière du Saint-Esprit, — donnez-nous cet Esprit, — qui nous fasse goûter et aimer le bien; — et qui répande toujours en nous la joie et la consolation — que lui seul peut donner. — Par Jésus-Christ Notre Seigneur. Ainsi soit-il.

---

(1) Les tirets indiquent les pauses à faire en priant.

L'Oraison dominicale.

Notre Père, qui êtes aux cieux, — que votre nom soit sanctifié ; — que votre règne arrive ; — que votre volonté soit faite sur la terre comme au ciel ; — donnez-nous aujourd'hui notre pain de chaque jour ; — pardonnez-nous nos offenses, — comme nous pardonnons à ceux qui nous ont offensés ; — et ne nous laissez pas succomber à la tentation ; — mais délivrez-nous du mal. Ainsi soit-il.

La Salutation angélique.

Je vous salue, Marie, pleine de grâce ; — le Seigneur est avec vous ; — vous êtes bénie entre toutes les femmes, — et Jésus, le fruit de vos entrailles, est béni.
Sainte Marie, Mère de Dieu, — priez pour nous, pauvres pécheurs, — maintenant et à l'heure de notre mort. Ainsi soit-il.

Le Symbole.

Je crois en Dieu, le Père tout-puissant, Créateur du ciel et de la terre ; — et en Jésus-Christ, son Fils unique, notre Seigneur, — qui a été conçu du Saint-Esprit, est né de la Vierge Marie, — a souffert sous Ponce-Pilate, — a été crucifié, est mort, a été enseveli,

— est descendu aux enfers,— le troisième jour est res- suscité des morts,—est monté aux cieux,— est assis à la droite de Dieu le Père tout-puissant, — d'où il viendra juger les vivants et les morts.

Je crois au Saint-Esprit, — la sainte Église catho- lique, — la communion des Saints, — la rémission des péchés, — la résurrection de la chair, — la vie éter- nelle. Ainsi soit-il.

Gloria Patri.

Gloire au Père, au Fils et au Saint-Esprit.
Comme au commencement, maintenant et toujours et dans tous les siècles des siècles. Ainsi soit-il.

Acte de foi.

Mon Dieu, je crois fermement — tout ce que la sainte Eglise catholique, — apostolique et romaine m'ordonne de croire, — parce que c'est vous, — ô Vérité infaillible, — qui le lui avez révélé.

Acte d'espérance.

Mon Dieu, j'espère avec une ferme confiance — que vous me donnerez, — par les mérites de Jésus-Christ, — votre grâce en ce monde, — et si j'observe vos commandements, — votre gloire en l'autre, — parce

que vous me l'avez promis, — et que vous êtes sou-
verainement fidèle dans vos promesses.

Acte de charité.

Mon Dieu, je vous aime de tout mon cœur — et par-
dessus toutes choses, — parce que vous êtes infiniment bon et infiniment aimable ; — et j'aime mon prochain comme moi-même pour l'amour de vous.

Acte de contrition.

Mon Dieu, je me repens de tout mon cœur de vous
avoir offensé, — parce que vous êtes infiniment bon
et parfait, — et que je vous aime par-dessus toutes
choses. — Je déteste tous mes péchés, parce qu'ils
vous déplaisent. — Pardonnez-moi par les mérites de
Jésus-Christ. — Je me propose fermement de me corriger, — de me confesser, et de vous satisfaire, — avec
le secours de votre sainte grâce. Ainsi soit-il.

Les dix commandements de Dieu.

1. Un seul Dieu tu adoreras
   Et aimeras parfaitement.
2. Dieu en vain tu ne jureras,
   Ni autre chose pareillement.
3. Les dimanches tu garderas,
   En servant Dieu dévotement.
4. Tes père et mère honoreras,
   Afin de vivre longuement.
5. Homicide point ne feras,
   De fait ni volontairement.

6. Luxurieux point ne seras,
   De corps ni de consentement.
7. Le bien d'autrui tu ne prendras,
   Ni retiendras à ton escient.
8. Faux témoignage ne diras,
   Ni mentiras aucunement.
9. L'œuvre de chair ne désireras,
   Qu'en mariage seulement.
10. Biens d'autrui ne convoiteras,
    Pour les avoir injustement.

Les six commandements de l'Eglise.

1. Les fêtes tu sanctifieras,
   Qui te sont de commandement.
2. Les dimanches Messe ouïras,
   Et les fêtes pareillement.
3. Tous tes péchés confesseras,
   A tout le moins une fois l'an.
4. Ton Créateur tu recevras,
   Au moins à Pâques humblement.
5. Quatre-Temps, Vigiles jeûneras,
   Et le Carême entièrement.
6. Vendredi chair ne mangeras,
   Ni le samedi mêmement.

L'Angelus.

L'Ange du Seigneur annonça à Marie, — et elle conçut du Saint-Esprit.

Je vous salue, Marie, etc.

Voici la servante du Seigneur, — qu'il me soit fait selon votre parole.

Je vous salue, Marie, etc.

Et le Verbe s'est fait chair, — et il a habité parmi nous.

Je vous salue, Marie, etc.

Priez pour nous, sainte Mère de Dieu,

Afin que nous soyons rendus dignes — des promesses de notre Seigneur Jésus-Christ.

Répandez, Seigneur, nous vous en supplions, — votre grâce dans nos âmes, — afin qu'ayant connu, par la voix de l'Ange, — l'Incarnation de Jésus-Christ votre Fils, — nous arrivions par sa passion et par sa croix — à la gloire de la résurrection. — Par le même Jésus-Christ notre Seigneur. Ainsi soit-il.

Le Sub tuum.

Nous nous réfugions vers vous, sainte Mère de Dieu ; — et nous nous mettons sous votre sainte protection. — Daignez ne pas rejeter les suppliantes prières — que nous vous adressons dans nos besoins ; — mais délivrez-nous toujours de tous périls, — ô Vierge glorieuse et pleine de grâce. Ainsi soit-il.

Le Memorare.

Daignez vous souvenir, ô très-miséricordieuse Vierge Marie, — qu'on n'a jamais entendu dire, — que vous ayez abandonné celui qui se met sous votre protection, — qui implore votre secours — et réclame votre assistance. — Rempli de cette confiance, — j'ai recours à vous, ô Mère, Vierge des vierges ! — tout pécheur que je suis, je viens à vous, — je suis devant vous gémissant ; — Mère du Verbe, ne dédaignez point mes prières ; — mais soyez-moi propice, et exaucez-moi. Ainsi soit-il.

Prière du R. P. Zucchi.

O ma Souveraine, ô ma Mère ! je m'offre à vous tout entier, et pour vous donner une preuve de ma dévotion, je vous consacre aujourd'hui mes yeux, mes oreilles, ma bouche, mon cœur, ma personne tout entière. Puisque je suis à vous, ô bonne Mère ! conservez-moi, défendez-moi comme votre propriété et votre possession. Ainsi soit-il.

Prière des trois heures.

Nous vous supplions, Seigneur, de jeter un regard de miséricorde sur votre famille, — pour laquelle notre Seigneur Jésus-Christ — a bien voulu être livré entre les mains des méchants, — et souffrir le supplice de la croix ; Lui, qui étant Dieu, vit et règne avec vous en l'unité du Saint-Esprit, dans tous les siècles des siècles. Ainsi soit-il.

Notre Père, etc. — Je vous salue, Marie, etc.

Prière pour la confession.

Avant. — Au nom du Père, etc. — Bénissez-moi, mon père, parce que j'ai péché. — Je confesse à Dieu tout-puissant, à la bienheureuse Marie toujours Vierge, à tous les Saints, et à vous, mon Père, que j'ai beaucoup péché par pensées, par paroles, par actions et par omissions, depuis une dernière confession, que j'ai faite, il y a *(un, deux, trois mois, selon le temps de la dernière confession).*

Après. — De ces péchés et de ceux dont je ne me souviens pas, je demande pardon à Dieu, et à vous, mon père, pénitence et absolution, si vous m'en jugez digne.

ALPHABETS

Minuscule et Majuscule en écriture courante.

a b c d e f g h i
A B C D E F G H I

j k l m n o p q r
J K L M N O P Q R

s t u v x y z
S T U V X Y Z

Règles de conduite.

1. Enfants, le matin, dès votre réveil, pensez au bon Dieu et offrez-lui votre cœur.

2. Ne lambinez pas pour quitter le lit, comme fait le paresseux ; mais levez-vous promptement et habillez-vous avec modestie

3. Lavez-vous chaque matin la figure, le cou, les oreilles et les mains; rincez votre bouche, nettoyez vos dents et peignez vos cheveux.

4. Faites à genoux et avec attention vos prières du matin et du soir. Travaillez, obéissez et supportez patiemment, pour l'amour de Dieu, vos peines et vos chagrins.

5. Assistez fidèlement, le dimanche, à la sainte Messe et aux autres offices de la paroisse, tâchez même d'entendre la sainte Messe tous les autres jours de la semaine. C'est la meilleure prière que vous puissiez faire.

6. N'oubliez pas, le matin et le soir, de souhaiter à vos parents bon jour, bonne nuit.

7. Saluez respectueusement vos parents chaque fois que vous les abordez. Saluez aussi de même toutes les personnes respectables que vous connaissez, et si vous leur adressez la parole, que ce soit toujours la tête découverte.

8. Ne montrez pas du doigt la personne dont vous parlez.

9. N'interrompez jamais ceux qui parlent, et lorsque vous êtes interrogés, répondez poliment.

10. A table, soyez propres et polis; ne parlez ni ne buvez pas, la bouche pleine.

11. Ne remplissez pas la maison ni les rues de vos cris et de vos sifflements.

12. Ne vous arrêtez pas dans les rues au lieu d'aller aux Offices et en classe.

13. A l'église, rappelez-vous que vous êtes sous les yeux du bon Dieu et priez avec ferveur; tenez-vous-y respectueusement et ne vous per-

mettez pas d'y causer, d'y rire ni de regarder de côté et d'autre.

14. A la maison et en classe, ne faites pas de bruit en marchant ni en fermant les portes.

15. Lorsque vous vous présentez en classe, saluez votre maître, soyez propres, ayez vos livres et vos cahiers en ordre et efforcez-vous d'être des élèves appliqués, attentifs et soumis.

16. En sortant de classe, ne vous arrêtez pas dans les rues; mais rendez-vous à la maison directement et en ordre.

17. Ayez soin de vos livres, de l'ordre dans vos affaires, et mettez chaque chose à sa place.

18. Obéissez promptement à vos parents et à vos maîtres, en vue de plaire à Dieu, qu'ils représentent à votre égard; soyez reconnaissants envers eux de tous les biens qu'ils vous font.

19. Ne vous disputez pas avec vos camarades; ne leur dites pas de surnoms, mais rendez-leur les services que vous pouvez, en vue de J.-C. dont ils sont, comme vous, les frères et les membres.

20. Ne vous rendez au jeu qu'avec la permission de vos parents et lorsque vous aurez achevé votre devoir.

21. Evitez les jeux bruyants et défendus, et ne fréquentez pas de méchants camarades.

22. Ne jetez pas de pierres ni de pelottes de neige en rue. Gardez-vous de jouer avec de la poudre.

23. En été, n'allez pas au bain sans la permiffion de vos parents, ni sans être décemment couverts.

24. Evitez soigneusement de gâter ou de dérober quoi que ce soit, à vos parents ou à quelqu'autre personne.

25. Si vous commettez quelque faute, empreffez-vous de l'avouer; bien loin de chercher à la cacher par des mensonges, tâchez de la réparer au plus tôt.

Table de Numération (1).

Un.	1	Quarante.	40
Deux.	2	Quarante et un.	41
Trois.	3	Cinquante.	50
Quatre.	4	Cinquante et un	51
Cinq.	5	Soixante.	60
Six.	6	Soixante et un.	61
Sept.	7	Soixante-dix.	70
Huit.	8	Soixante-onze.	71
Neuf.	9	Quatre-vingts.	80
Dix.	10	Quatre-vingt et un.	81
Onze.	11	Quatre-vingt-dix.	90
Douze.	12	Quatre-vingt-onze.	91
Treize.	13	Cent.	100
Quatorze.	14	Mille.	1,000
Quinze.	15	Million.	1,000,000
Seize.	16	Quatre unités.	4
Dix-sept.	17	Quatre dizaines.	40
Dix-huit.	18	Quatre centaines.	400
Dix-neuf.	19	Quatre mille.	4,000
Vingt.	20	Neuf unités.	9
Vingt et un.	21	Neuf dixièmes (déci).	0,9
Trente.	30	Neuf centièmes (centi)	0,09
Trente et un.	31	Neuf millièmes (m.).	0,009

(1) Appliquer ces chiffres à des nombres concrets : enfants, pommes, etc.,
mètre, litre, franc, gramme, stère.

Table d'Addition.

1 et 1 font 2	5 et 1 font 6	8 et 1 font 9
2 — 1 — 3	5 — 2 — 7	8 — 2 — 10
2 — 2 — 4	5 — 3 — 8	8 — 3 — 11
2 — 3 — 5	5 — 4 — 9	8 — 4 — 12
2 — 4 — 6	5 — 5 — 10	8 — 5 — 13
2 — 5 — 7	5 — 6 — 11	8 — 6 — 14
2 — 6 — 8	5 — 7 — 12	8 — 7 — 15
2 — 7 — 9	5 — 8 — 13	8 — 8 — 16
2 — 8 — 10	5 — 9 — 14	8 — 9 — 17
2 — 9 — 11	5 —10 — 15	8 — 10— 18

3 et 1 font 4	6 et 1 font 7	9 et 1 font 10
3 — 2 — 5	6 — 2 — 8	9 — 2 — 11
3 — 3 — 6	6 — 3 — 9	9 — 3 — 12
3 — 4 — 7	6 — 4 — 10	9 — 4 — 13
3 — 5 — 8	6 — 5 — 11	9 — 5 — 14
3 — 6 — 9	6 — 6 — 12	9 — 6 — 15
3 — 7 — 10	6 — 7 — 13	9 — 7 — 16
3 — 8 — 11	6 — 8 — 14	9 — 8 — 17
3 — 9 — 12	6 — 9 — 15	9 — 9 — 18
3 —10 — 13	6 —10 — 16	9 —10 — 19

4 et 1 font 5	7 et 1 font 8	10 et 10 font 20
4 — 2 — 6	7 — 2 — 9	10 — 20 — 30
4 — 3 — 7	7 — 3 — 10	10 — 30 — 40
4 — 4 — 8	7 — 4 — 11	10 — 40 — 50
4 — 5 — 9	7 — 5 — 12	10 — 50 — 60
4 — 6 — 10	7 — 6 — 13	10 — 60 — 70
4 — 7 — 11	7 — 7 — 14	10 — 70 — 80
4 — 8 — 12	7 — 8 — 15	10 — 80 — 90
4 — 9 — 13	7 — 9 — 16	10 — 90 —100
4 —10 — 14	7 —10 — 17	100 —100 —200

L'addition est une opération par laquelle on réunit plusieurs nombres de même espèce en un seul. Le résultat de cette opération s'appelle *somme* ou *total*.

Le signe + (*plus*) marque l'addition.

Table de Soustraction.

1 ôté de 1 reste 0	4 ôté de 4 reste 0	7 ôté de 7 reste 0
1 — 2 — 1	4 — 5 — 1	7 — 8 — 1
1 — 3 — 2	4 — 6 — 2	7 — 9 — 2
1 — 4 — 3	4 — 7 — 3	7 — 10 — 3
1 — 5 — 4	4 — 8 — 4	7 — 11 — 4
1 — 6 — 5	4 — 9 — 5	7 — 12 — 5
1 — 7 — 6	4 — 10 — 6	7 — 13 — 6
1 — 8 — 7	4 — 11 — 7	7 — 14 — 7
1 — 9 — 8	4 — 12 — 8	7 — 15 — 8
1 — 10 — 9	4 — 13 — 9	7 — 16 — 9
2 ôté de 2 reste 0	5 ôté de 5 reste 0	8 ôté de 8 reste 0
2 — 3 — 1	5 — 6 — 1	8 — 9 — 1
2 — 4 — 2	5 — 7 — 2	8 — 10 — 2
2 — 5 — 3	5 — 8 — 3	8 — 11 — 3
2 — 6 — 4	5 — 9 — 4	8 — 12 — 4
2 — 7 — 5	5 — 10 — 5	8 — 13 — 5
2 — 8 — 6	5 — 11 — 6	8 — 14 — 6
2 — 9 — 7	5 — 12 — 7	8 — 15 — 7
2 — 10 — 8	5 — 13 — 8	8 — 16 — 8
2 — 11 — 9	5 — 14 — 9	8 — 17 — 9
3 ôté de 3 reste 0	6 ôté de 6 reste 0	9 ôté de 9 reste 0
3 — 4 — 1	6 — 7 — 1	9 — 10 — 1
3 — 5 — 2	6 — 8 — 2	9 — 11 — 2
3 — 6 — 3	6 — 9 — 3	9 — 12 — 3
3 — 7 — 4	6 — 10 — 4	9 — 13 — 4
3 — 8 — 5	6 — 11 — 5	9 — 14 — 5
3 — 9 — 6	6 — 12 — 6	9 — 15 — 6
3 — 10 — 7	6 — 13 — 7	9 — 16 — 7
3 — 11 — 8	6 — 14 — 8	9 — 17 — 8
3 — 12 — 9	6 — 15 — 9	9 — 18 — 9

La soustraction est une opération par laquelle on retranche un nombre d'un autre plus grand et de même espèce. Le résultat se nomme *différence*, *reste* ou *excès*.

Le signe — *(moins)* marque la soustraction.

Table de Multiplication.

1 fois 1 fait 1			4 fois 1 font 4			7 fois 1 font 7		
1 — 2 — 2			4 — 2 — 8			7 — 2 — 14		
1 — 3 — 3			4 — 3 — 12			7 — 3 — 21		
1 — 4 — 4			4 — 4 — 16			7 — 4 — 28		
1 — 5 — 5			4 — 5 — 20			7 — 5 — 35		
1 — 6 — 6			4 — 6 — 24			7 — 6 — 42		
1 — 7 — 7			4 — 7 — 28			7 — 7 — 49		
1 — 8 — 8			4 — 8 — 32			7 — 8 — 56		
1 — 9 — 9			4 — 9 — 36			7 — 9 — 63		
1 — 10 — 10			4 — 10 — 40			7 — 10 — 70		
1 — 11 — 11			4 — 11 — 44			7 — 11 — 77		
1 — 12 — 12			4 — 12 — 48			7 — 12 — 84		
2 fois 1 font 2			5 fois 1 font 5			8 fois 1 font 8		
2 — 2 — 4			5 — 2 — 10			8 — 2 — 16		
2 — 3 — 6			5 — 3 — 15			8 — 3 — 24		
2 — 4 — 8			5 — 4 — 20			8 — 4 — 32		
2 — 5 — 10			5 — 5 — 25			8 — 5 — 40		
2 — 6 — 12			5 — 6 — 30			8 — 6 — 48		
2 — 7 — 14			5 — 7 — 35			8 — 7 — 56		
2 — 8 — 16			5 — 8 — 40			8 — 8 — 64		
2 — 9 — 18			5 — 9 — 45			8 — 9 — 72		
2 — 10 — 20			5 — 10 — 50			8 — 10 — 80		
2 — 11 — 22			5 — 11 — 55			8 — 11 — 88		
2 — 12 — 24			5 — 12 — 60			8 — 12 — 96		
3 fois 1 font 3			6 fois 1 font 6			9 fois 1 font 9		
3 — 2 — 6			6 — 2 — 12			9 — 2 — 18		
3 — 3 — 9			6 — 3 — 18			9 — 3 — 27		
3 — 4 — 12			6 — 4 — 24			9 — 4 — 36		
3 — 5 — 15			6 — 5 — 30			9 — 5 — 45		
3 — 6 — 18			6 — 6 — 36			9 — 6 — 54		
3 — 7 — 21			6 — 7 — 42			9 — 7 — 63		
3 — 8 — 24			6 — 8 — 48			9 — 8 — 72		
3 — 9 — 27			6 — 9 — 54			9 — 9 — 81		
3 — 10 — 30			6 — 10 — 60			9 — 10 — 90		
3 — 11 — 33			6 — 11 — 66			9 — 11 — 99		
3 — 12 — 36			6 — 12 — 72			9 — 12 — 108		

La multiplication est une opération par laquelle on répète un nombre appelé multiplicande autant de fois qu'il y a d'unités dans un autre, appelé multiplicateur. Le résultat s'appelle *produit*.

Le signe ✕ *(multiplié par)* indique la multiplication.

TABLE DES MATIÈRES

Lons-le-Saunier, imp. de GAUTHIER FRÈRES.

No 6. Les Mouvements.

Ran, plan, plan ! En a - vant !

Sor - tons tous de pla - ce, Pre-nons bien le

pas Et marchons en clas - se, Comme des sol-

dats ! Ran, plan, plan ! En a - vant !

No 23. L'Enfant sage.

Dieu me mit sur la ter - re Pour

le glo - ri - fi - er ; Pour l'ai-mer et lui

plai - re, Et me sanc-ti-fi - er ; Pour

l'aimer et lui plai-re Et me sanc-ti-fi - er.

www.ingramcontent.com/pod-product-compliance
Lightning Source LLC
Chambersburg PA
CBHW050006100426
42739CB00011B/2533